子どもの やってみたい！ を育てる

みやもっち体育

宮本忠男 著
Tadao Miyamoto

JN090969

クリエイツかもがわ
CREATES KAMOGAWA

子どものやってみたい！を育てる みやもっち体育
もくじ

1 みやもっち体育って？ ··· 005

2 運動プログラム ··· 011

1 前回りおり   012
ワクワクモンキーパーク

1	おさるのエレベーター＆ブランコ	014
2	おさるの自転車	015
3	腰で鉄棒ブランコ	016
4	おさるのすべり台	017
5	前回りおりに挑戦！	018

2 逆上がり   020
おさるのクルリンパ

1	後転	021
2	ブリッジ	022
3	バランスボール	022
4	おさるのおやこ	023
5	おさるのくるりん棒	023
6	すのこでブリッジ＆逆位	025
7	逆上がりに挑戦！	026

3 マット運動（前転）   028
人間に進化しよう

1	ワンコ＆カンガルーになろう	029
2	チンパンジーのナックルウォーク	030
3	ダンゴムシになってに丸く転がろう	030
4	大きく揺れるダンゴムシ	031
5	首の長いキリンになろう	031
6	ワンワンコロンから人間に変身	032

4　跳び箱あそび　034
動物森の冒険

1	ワンコ	035
2	アザラシ（アザラシ歩き）	036
3	カンガルー	036
4	ウサギ	037
5	ライオン	037
6	バッタ	038
7	仲良しウサギ	038
8	モモンガ	039
9	高い壁を登ろう	040
10	開脚跳びをしよう	040

5　長なわ跳び　042
海賊の島で波あそび

1	波あそび	043
2	大波カニカニジャンプ	044
3	リボンで長なわ	046

6　短なわ跳び　048
忍者しゅりけん丸参上

1	ぬいぐるみジャンプ	049
2	忍者ホースで歩く修行	050
3	忍者ホースかけ足跳び	051
4	忍者一本橋ホースジャンプ	051
5	忍者ホース2人跳び	052

7　プール　054
進めはらぺこクジラ

1	ドキドキ下からシャワー	056
2	はらぺこクジラにのって	057
3	クジラにのってバタ足で進もう	057
4	氷はプールに浮かぶかな？	058
5	スポンジのスティックでプカリ	059
6	雨がザーッ	060
7	ジュースのプール	060
8	お昼寝しながら海賊島へ	062
9	海賊プール	063
10	クジラにのって息継ぎ	063
11	失敗と成功の姿をみせよう	064

8　マストのぼり 066
ジャックと豆の木の冒険
1　豆の木でメリーゴーラウンド 067
2　片手メリーゴーラウンド 068
3　豆の木から下りてみよう 069
4　天空の城に登ろう 070

9　竹馬 072
竹馬魔法使い
1　ケンケンすもう 073
2　片足バレリーナに変身 074
3　片足バレリーナ移動 075
4　魔法使いのほうきに乗って 076
5　竹馬2本横歩き 076
6　竹馬拍手「カチカチ」＆おならブー 077

10　ボールあそび 078
モンスターボール宅急便
1　モンスターボール宅急便 079
2　モンスターボール円陣 080
3　モンスターボールドッジ 081

11　投運動 082
モンスターをやっつけろ
1　モンスターのヤリ投げ 083
2　モンスターを狙え！スポンジボール投げ 084
3　投げる！受ける！ドッジボール 085

12　みやもっち体育のキッズテニス 086
きみもエースだ！
1　スマートボール 088
2　跳び箱テニス 090
3　腕の振りとインパクト 091
4　ラリーをしよう 092

おわりに……………………………………………………………………… 093

column　010・019・027・033・047・053・061・065・089

1

みやもっち体育って？

オーダーメイドのコツを探る

　例えば、逆上がりを教材として考えてみると、みんなに同じような運動の仕方を説明しても、なかなかできない子どもがいます。

　それは、なぜなのか？

　子どもは、みんなと同じように運動ができるようになりたい気持ちがあります。
　子どもが知りたいことは「ぼくができるようになるコツを教えてほしい」「わたしがやれそうだと感じられる指導をしてほしい」。
　そう願っているのではないでしょうか。

　そのためには、一人ひとりがこれまで行ってきた運動経験にあった「オーダーメイドのコツ（動きの感じ）」を伝えることが必要です。

指導者がどんな運動であるか知っていること

　多くの指導者は、自分自身ができるやり方（自分のコツ）や、一般的な技術といわれているやり方だけを伝え、あとは、子どもを励まし、あきらめないで最後まで頑張ろうと指導する方法をとっているかもしれません。
　そのため、「どうやっていいのかわからない」「どうやってもできない」という子どもに出会うと、どのように指導していいのか悩むこともあるのではないでしょうか。

　逆上がりとはどのような運動であるか、運動構造（運動の仕組み）や運動類縁性（運動形態の類似性）を知っていると、目の前の子どもの「できない」という気持ちや、悩みに対して、どのように場を工夫すればよいかや、どんな運動から順番に練習したらよいかを考えることができそうです。その工夫は、子ども一人ひとり、それぞれ違うのだということが見えてくるでしょう。

やってみたい！と、こころが動く

　大人は「とにかくやってみよう」「やればできる」と声をかけたくなります。
　しかし、「できそう」「おもしろそう」と思えないと、特に幼児は近寄ってもきてくれない

でしょう。

　そこで「やってみたい」と思える動機づけが必要になります。

　今日の子どもを取り巻く環境の変化によって、運動の経験にも大きな違いが見られるようになってきました。これまでにあったような、根性論や精神論ではなく、「ここにいることは、嫌ではない」「やったことがないけど、おもしろそう」という雰囲気をつくることを大切にしたいものです。

　そのためには、単に簡単な運動からではなく、運動課題に必要な類似性（アナロゴン）のある運動と、「あそびの4つの要素」を運動指導の中に取り入れることから始めます。「あそびの4つの要素」は、「やりたくない」と思っている子どもにも、運動を始める「動機づけ」になるようです。

あそびの4つの要素

❶ 競 争 （アゴン）	運動課題・スポーツ：相手と競い合って遊ぶ
❷ 偶 然 （アレア）	「どっちだ？」・カード：運命にまかせる
❸ 模 倣 （ミミクリ）	絵本、テレビ、マンガ、映画のストーリー：まねをする
❹ 目 眩 （イリンクス）	ジェットコースター・ブランコ・お化け屋敷：スリルを伴う

（カイヨワ『遊びと人間』1958）

●5つの位相でとらえなおす

　運動の習得状況の異なる子どもに対して画一的に教えてきた運動を「5つの位相」（❶原志向位相：やってみたい、❷探索位相：こうかな？　❸偶発位相：あ、できた、❹図式化位相：こうすればできる、❺自在位相：何も考えなくてもできる）の観点でとらえなおして、位相に応じた指導をします。

　その運動を初めて行う（原志向位相にある）子どもに対しては、あそび（ごっこあそび・伝承あそび）を組み合わせることで、好きなことを入口にして、子どもたちが「やってみたい」「楽しそう」「それならできそうだ」と感じられるような、ストーリー性のある運動プログラムをつくっていきます。

5つの位相

❶ 原志向位相…示された運動が嫌ではない「何となくやってみたい」

❷ 探 索 位 相…何となく「わかるような気がする」「こうかな、あ〜かな」

❸ 偶 発 位 相…偶然に「コツをつかむ」こと「あっ！なぜかできた！」

❹ 図式化位相…思うように動くことができる感じに出合う「足はこのタイミングならできる！」「せ〜の〜で〜」

❺ 自 在 位 相…「何も考えないでもできるぞ」。友だちとタイミングを合わせてできる「友だちといっしょにできるぞ」

●「楽しさ」「おもしろさ」「やってみようかな」

　幼児期における運動あそびは、幼児が成長していく過程で精神的にも身体的にも非常に重要な影響を与えています。しかし、今日では、社会環境の変化によって、あそび場が減少したり、集団あそびの機会がなく、仲間といっしょにあそぶことが苦手といった子どもも多くなってきています。身体をつかった運動あそびは、身体の発達や体力の向上だけでなく、生きる力の基礎となる心情、意欲、態度を育てます。幼児期にはこのような運動あそびがとても重要です。

　現在の幼児体育研究では、体力・運動能力の測定や能力の向上についての研究が中心で、「楽しさ」「おもしろさ」を失い、運動ぎらいをつくりかねない運動プログラムや指導方法を見かけることがあります。幼児期に「楽しみ」の要素を多く含んだ運動あそびを経験しておくと、後に遭遇する失敗や困難、あるいは厳しいトレーニングに直面しても、自ら積極的に挑戦できる力が身につくと考えられています。

　新たに身につけようとする運動と、今もっている力で楽しめるあそびを融合させた「みやもっち体育プログラム」。行ったことのあるあそびから、新しい運動や苦手な運動に類似性のある動きを取り入れ、ストーリー性のある組み立てで「やってみようかな」につなげます。

　子どもの年齢や発達に応じたテーマで、友だち、先生、親ごさんとあたたかいふれあいをしながら、楽しく身体を思いっきり動かす気持ちよさを味わう運動あそびに取り組んでみませんか。

みやもっち体育が大切にしている 5つの特徴

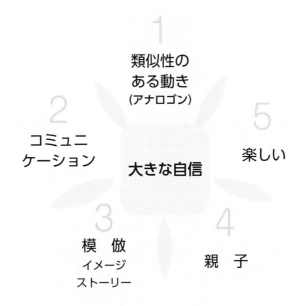

1
類似性の
ある動き
(アナロゴン)

2
コミュニ
ケーション

5
楽しい

大きな自信

3
模 倣
イメージ
ストーリー

4
親 子

1 **類似性のある動き（アナロゴン）**　運動の経験の状態や程度に差があるため、1つの指導方法のみ行うことは避けたい。したがって、それぞれの子どもに「おもしろそうだな」「やってみたいな」「それだったらできるぞ」と感じられる順序性を含んだ類似性のある運動プログラムを提供する。

2 **コミュニケーション**　伝承あそび（鬼ごっこなど）と体育を融合させることにより、運動が苦手と感じている子どももストーリーの中で役割をもち、仲間といっしょに運動あそびを楽しむ。また、約束を守ったり、仲間を思いやったり、力を合わせたりすることの大切さや社会性を身につける。

3 **模 倣**　動物の動きの模倣や絵本からのイメージでストーリーをつくり、楽しみながら動き方を身につける。

4 **親 子**　保護者が子どもの身体運動能力についての気づきを高め、積極的にあそびの機会をつくっていく。

5 **楽しい**　楽しさを感じると、もっと楽しんでいたいという気持ちから何度もくり返したり、もっと楽しくしたいという気持ちから、あそびを工夫して行ったりし、結果的に集中状態が持続したり運動量が増える。

「ええ、もう終わりなが～？」をめざして！

　当学園の杉の子３園では、『自分の力で、元気に、仲良く、もうひと頑張りする子』の育成をめざしており、教育・保育活動の中ではとりわけ運動遊びを重視しています。今から10年程前に幼児体育研究会の研修会で、『みやもっち体育』と出会いました。そして、ご縁があって、５年前に杉の子３園にこの体育を取り入れました。当初しばらくは、宮本氏の指導方針と当学園の運動遊びの在り方に齟齬があり、しっくりこない状態が続きました。

　その後、互いの指導の方向や内容について協議を重ね、運動遊びでスキルや能力の向上（上手にできること）を追求することより、運動遊びへの意欲や意識を高めることを共通の目標としました。そして、身体を動かすと気持ちがいいという認識を子ども自身がもつこと。仲間意識を高め、子ども同士が仲良くなること。何よりも子どもが楽しいと思える運動遊びをめざした実践活動が再び始まりました。

　指導者との信頼関係を築き指導効果を高めるには、年齢の低い子どもほど指導者と接する時間を多くし、指導者の人間性に触れることが大切になります。そこで、宮本氏には、一日中子どもと接する先生として、乳幼児理解を深めながら遊びを指導してもらうことにしました。そして今や本領発揮で、多角的な視点で子どもと触れ合い、風を感じたり水の特性を感じたりする感性豊かな『みやもっち体育』が３園内で縦横無尽に展開されています。

　子どもたちは明るく・元気に・自分から運動遊びに取り組み「もうちょっとやってみる！」と頑張る姿が多く見られ、「一緒に遊ぼう！」「いいよ」と仲の良い関係も増えてきました。

　「ええ、もう終わりなが～？」の声が自然にでる『みやもっち体育』を通し生涯にわたって運動が好きな子どもになることを心より願っています。

学校法人宮地学園　認定こども園杉の子幼稚園
認定こども園杉の子せと幼稚園
認定こども園杉の子第２幼稚園

理事長　宮地彌典

2

運動プログラム

*このプログラムは必ずしも掲載している順番通りに取り組まなくもかまいません。
　できるところはとばしたり、できなかったら戻ったりして、子どもたちにあった運動を取り入れて
　行ってみてください。

前回りおり

前回りおりは、鉄棒の上で腕で身体を支えて、手首をスルスルと回し、前に身体を倒してくるんと回って下りる技です。

前回りおりや逆上がりなどの鉄棒運動では「ぶら下がって振る」経験をしておくことが大切です。そして、子どもの身体に適した鉄棒の高さも重要でしょう。鉄棒の経験が少ない子どもにとって逆さになることは、大人が考えている以上に恐怖を感じるからです。

鉄棒の高さは子ども一人ひとりに合っているとはいえないため、個別に高さの調節を工夫しましょう。

こんな仕組みでできている！ ・運動構造・

両腕で身体を支えて乗る

＋

前へ回転

＋

着地

\ 前回りおりの /
習得したい 動き

🌸 **手首をスルスルと動かせるように握る**
前回りおりを行うときに鉄棒を強く握りしめると、手首が固定され回転することが難しくなります。

🌸 **ぶら下がって身体を振る**
肩の力を抜きながら腰を前後にリズミカルに揺らします。前方に身体が大きく振れたとき、指と手首に力を入れます。

固定遊具を使った鉄棒運動につながるあそび

ぶら下がって、身体を前方に大きく振る（握り固定技術）

うんていなどで身体の向きを変える（握りなおし技術）

おしりをつかって座る（おしりのカギ）

膝を曲げて引っかけ（膝のカギ）、逆さになって逆さ感覚をつかむ

足を引っかけて（足のカギ）、逆さになる（仰向け下がり）

足首を曲げて引っかけ（足首のカギ）逆さになる（上体そらし）

みやもっちの **視点**

- 子どもが最初に出会う鉄棒あそびは「ぶら下がって振る」「身体の向きを変える」「跳び上がって振る」「支持振動から後ろに跳び下りる」という運動です。
- うんてい、ジャングルジムなどの固定遊具を使ったこれらの運動は、「握り固定技術」「握りなおし技術」「持ち換え技術」「肩角度減少（脇をしめる）技術」「着地技術」という鉄棒の大切な技術が数多く含まれています。
- これらの鉄棒あそびを行わないで、前回りおりを指導すると「落ちそうで怖い」「痛いからやらない」という子どもが出てくると考えられます。鉄棒運動で必要な類似性のある動き（アナロゴン）を数多く経験しましょう。引っかける場所（カギ）を知ることも重要です。
- 近年では5歳児の中でも、逆さになった経験のない子どももいるようです。補助がついたとしても、いきなり前回りおりを行うことは避けたいものです。

ワクワク モンキーパーク

おさるになって鉄棒に両手でつかまってブラーン。腰を引っかけてユーラユラ。くるりと回って下りられるかな？

おさるの
エレベーター＆
ブランコ

おさるの
自転車

腰で
鉄棒ブランコ

おさるの
すべり台

前回りおりに
挑戦！

1 おさるのエレベーター ＆ ブランコ　　　握り固定技術

❶棒につかまり両足を上げる。保育者は棒を上下させる。「おさるのエレベーター。上にまいりま〜す」

❷長なわとスポンジを使い、鉄棒のブランコをつくる。鉄棒の握り方や身体の振りをあそびの中で身につけよう

❸友だちと息を合わせて、ブランコの振りを大きくする。脇をしめるタイミングもつかもう

みやもっちの
視点

● 少し体重のある子どもは幼児期から「私は重いから無理！」と言って最初から鉄棒をあきらめていることがよくあります。ぶら下がる経験が少ないと、自分の身体のどこに力を入れてよいかわからず、鉄棒から遠ざかることになりかねません。そのような子どもでも「楽しそう」と思える「おさるのエレベーター」から、みんなでいっしょに始めることをおすすめします。

● 鉄棒のブランコは、友だちといっしょに足を勢いよく上げたり、鉄棒の握り方（握り固定技術）や脇をしめる（肩角度減少）タイミングなどを覚えたりできるでしょう。

❶鉄棒の下にマットを積んで高さを調整し、両膝を曲げ「スルスル、ウッキー」と言って手首を返しながら跳び上がる。鉄棒の上に両腕で身体を支えて乗る（腕支持）

❷支持ができるようになったら、自転車のペダルをこぐように両足を回す

❸両足を振って、鉄棒を突き放すように後ろに跳び下りると「後ろ跳び」になる

みやもっちの　視点

鉄棒を持った両手首をスルスルと動かし鉄棒に跳び上がります。
保育者が「落ちないように鉄棒をギュッとにぎって！」と言うと、手首の返しができなくなり、跳び上がって鉄棒を支持することは難しくなります。
腕支持で身体を振る動き（支持振動）を重点的に行います。
後ろ跳びを行うときに何か目標を置き、跳び越すようにすると振りが大きくなり、友だちと競ったりして、より遠くへ飛ぼうとします。

③ 腰で鉄棒ブランコ

❶棒を使い、腰を曲げて引っかかる場所（腰のカギ）の感覚をつかむ

❷「おさるはブランコに乗って野菜を食べるよ」腰で鉄棒ブランコに乗る。おもちゃの野菜を置き、マットについた片手を離してつかむ

❸「おさるのUFOキャッチャーだ！」野菜以外にも、好きなおもちゃなどを置いて両手でつかむ

みやもっちの 視点

● 片手でおもちゃの野菜をつかみ食べるまねをしたり、両手でぬいぐるみをつかまえたりしてあそぶ中から、腸骨の下にある腰のカギの理解につなげます。
● 腰のカギがわかれば、鉄棒で逆さになっても下に落ちないことが自然にわかってきます。

注目！ 膝のカギ、足のカギ、腰のカギ

膝や足などの関節を曲げて鉄棒に引っかけるのが「カギ」。13頁のように、さまざまな「カギ」があります。腰のカギになるのは腸骨で、おへそから握りこぶし1つ下あたりに鉄棒を当てます。
子どもが鉄棒を行う際に「怖い」「痛い」と苦手意識をもたないためには、自分の身体のどの部分を鉄棒に引っかければよいのか「カギ」を理解しておくことです。

④ おさるのすべり台

❶巧技台の上にマットを重ね、子どもが両手をつき回れそうな高さに調整し、すべり台を作る。両手をマットにつき、腰を曲げて引っかかる場所（腰のカギ）をみつける

❷腰のカギがわかったら片手で鉄棒を持つ
「このままくるんと回ってすべり台をすべるよ」

❸腰のカギが外れないように、両手で鉄棒を持って、膝を曲げたまま、おへそを見ながら回る。後ろ頭を押すように補助をする

回ったよ

すべる

❹回ることができたら、そのままマットのすべり台をすべる。腰のカギに慣れてきたら少しずつマットを低くしていく

みやもっちの 視点

回ろうとすると怖くて両手を離してしまう子どもがいます。その場合、両手を地面につくことができるぐらいの低い鉄棒を用意します。さらに、鉄棒の下にマットを重ねてすべり台を作ります。両手をつける安心感から恐怖心がなくなり、「鉄棒は苦手だけどおもしろそう」と意欲がわくでしょう。

回るとき手を離してしまう子どもは、逆さになった恐怖から自分の身を守るため手をつこうとするのではないかと思います。腸骨の下の腰のカギがわかれば、手を離しても鉄棒から落ちないことを理解し、安心して前回りおりができるようになるでしょう。

5 前回りおりに挑戦！

❶保育者の両足の上に立ち、両手で保育者の両肩を持つ

❷次に保育者の両足を持つ。保育者は子どもの腰が鉄棒に引っかかるように調整する

❸保育者は子どもの腰のカギに鉄棒が引っかかったことを確認し、両手で鉄棒を持つように指示。徐々に離れ、自分で回るように声をかける

❹1人で回れそうにないときは、子どもが安心できるように補助をしながら行う

みやもっちの 視点

- この前回りのやり方は、どうしても前回りが難しかった、リオンちゃんが考えた方法です。だから、「リオンまわり」と名づけました。
- 前回りに恐怖心をもつ子どもには、「絶対に私を助けてくれる」という大人との信頼関係があるなかで行わなければいけません。
- この「リオンまわり」も腰のカギを理解し、前回りを行う1つの方法として試してみてください。

これもチェック

鉄棒のブランコ

長なわにスポンジを通し、鉄棒に結んでつくった鉄棒のブランコ。スポンジの部分に座ったり、うつ伏せて腰を引っかけたりします。

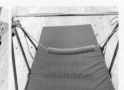

桃源郷

遊具をいっぱい積んだ、宮本先生の車が来たのだ。

「みやもっちぃ」

「みやもっち先生」

園庭のあちこちから、教室の窓から、子どもたちの呼び声があがる。

宮本先生の登場で、園を包む空気が少しずつ変わりはじめる。

子どもたちの園内の日常が、非日常へと変わりはじめる。ふんわりとしたタイムマシンの棲家にみんなで入っていくように。

僕はその奇妙な子どもたちのつくる空間が好きだ。園長の雑務が空いている限り、その温もりの側にいることにしている。次々と、流れるように発せられる、宮本先生の指示、かけ声に子どもたちは集中し、別人になったように嘆声をあげ、笑い、飛び跳ね、転げ走る。

まわりは全く異次元の世界・空間になる。

集団が一点に集中する。懸命になる。瞳の輝きがちがってくる。心が解放されるということはこんな顔になるということだろうか。子どもたちは全身で夢中に遊んでいる。

宮本先生も全身で夢中に遊んでいる。まるで宮沢賢治の銀河鉄道に乗り込んで旅をしているように。

輝く夜の天空の銀河の大河の世界を。

賢治の「どんぐりと山猫」

　　　　「風の又三郎」

　　　　「セロ弾きのゴーシュ」

　　　　「注文の多い料理店」

　　　　「虔十公園林」

賢治の作り出したドラマの世界に。桃源郷に。

大人も子どももすっぽり入り込み、溶け込み主人公の一員になりきっていることを、いつも実感する。私立の幼稚園といえども、時代の波と無縁の場所にいることはできない。歪み、汚れ混迷のニーズの、社会的激流から逃れ切った所に存在し、日々を重ねることはできない。でき難い。果てしなく進む、人間性の希薄化喪失化、一億ゲーム脳化から逃れることはできない。「子どもたちの最大の自由の園」づくりを目指しながらも、数々の妥協、迎合と無縁な所へ存在しているとは決して言い切れない。されど宮本先生は僕たちの数少ない同僚であり、貴重な同志である。

宮本先生の「こんな時代」のただ中にあって、幾多の波をかぶりながら、臆することなく、あくなき情熱を抱いて、より子どもたちの中へ、高い次元を求め、夢を追っている姿に感動する。一つの灯のさらなる拡大成長を熱い心をもって見守っている。

　学校は子どもたちにとって

　最大の自由の場であらねばならない（上田庄三郎）＊

しみず幼稚園　園長

西村光一郎

＊土佐清水市の郷土の教育者・上田庄三郎先生のことば。先輩たちから言い伝えられている。

逆上がり

　逆上がりは、足を後方に勢いよく振り上げ（肩角度減少）、鉄棒に腰をつけるように（腰のカギを使って）回り、手首を返し上体を起こして支持します。

　逆上がりができない子どもは、腕の筋力がないということではありません。筋力をつけるというより、逆上がりに必要な類似性（アナロゴン）のある動き方や、力のタイミングを知ることがポイントになります。タイミングよく肩の角度を減少させるような力の使い方をする運動構造であると、指導者は知っておくことが重要です。

こんな仕組みでできている！ 運動構造

 ＋  ＋  ＋

足を振り上げる　　　　足を上にもっていく　　　太腿を鉄棒につける

 ＋  ＋

回　転　　　　　　　上体を起こす　　　　　　着　地

逆上がりの
習得したい 動 き

🌸 **肩角度減少**
鉄棒に逆さになり、身体を鉄棒に引きつけるときに、脇をしめて両腕と両脇との間をせまくしていくことです。

せまくする

おさるのクルリンパ

おさるはクルリンパと回転して身体を逆さまにするよ。身体が逆さまになるってどんな感じかな？ 足をポーンとけり上げて、頭と足の場所を逆転してみよう。

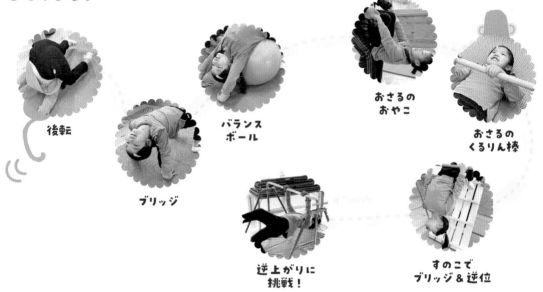

後転

ブリッジ

バランス
ボール

逆上がりに
挑戦！

おさるの
おやこ

おさるの
くるりん棒

すのこで
ブリッジ＆逆位

① 後　転　　　　　　　　　　　　　　後方への回転

キレイな後転でなくてよいので、
横に頭を抜いて回る

みやもっちの
視点

● まずは身体が後ろへ回転する体勢を経験しましょう。
● はじめはゆっくりと、できるようになったら、スピードを上げ、勢いよく回ることが大切です。

② ブリッジ

キレイなブリッジでなくてよいので、顎反射（あごを上げると背中が伸び、あごを引くと背中が曲がること）を起こし、おへそを上に上げる

● 鉄棒で逆さになったとき、鉄棒に身体を引きつけるために、おしりが落ちないよう、おへそを上に上げる体勢を経験しましょう。

③ バランスボール

❶しっかり両手をついて身体を支え、バランスボールの上に背中を乗せる

❷両足を高く上げて後転する

● 子どもの肩を支えるように、しっかりと補助をします。
● 逆さになって後転する感じをつかみましょう。

④ おさるのおやこ

肩角度減少

❶保育者のおなかを足でよじ登る

❷回転をしないで保育者の身体に両足を伸ばし背中をくっつけて止まる（肩角度減少）

❸逆さのまま腰と両足を伸ばす

みやもっちの視点　肩角度を減少させると、わずかな力で逆位になり、腿を鉄棒に引っかけることができるようになります。❷のような肩角度減少の動き方とタイミングを経験することがポイントです。

⑤ おさるのくるりん棒

後方への回転

❶棒を用意し保育者は両端を持つ

❷腰を棒に引っかけるようにして足を伸ばして上げ、後転する

みやもっちの視点　子どもの腰が棒に引っかかっているか確認しながら、棒を少しずつ上に上げます。腰のカギをつかえば、逆さになっても怖くないことがわかってきます。
両足を伸ばすことができない場合は、回らないで途中から元に戻りましょう。

❸後転しながら身体が逆さになる感じをつかむ

❹後転したあと、手首を返す

❺子どもにはうれしい経験になる

● 子どもは、どこでどんな力を入れ、どんな手や足の動かし方をすればよいのかわかりません。そのため、子どもに合わせて、どのような運動経験をさせればよいか、探さなければいけません。

● この「おさるのくるりん棒」は、鉄棒から落ちるという恐怖が少なくなり、身体が逆さになって回転する動きを感じとる運動経験になるのではと思います。

これもオススメ 肩倒立

逆さになった感じが似ている

後ろ頭と肩を床につけ、両手で腰を支え両足を高く伸ばすと肩倒立になります。肩倒立で、両足・腰・背中に力を入れ、腰を伸ばす感じや、逆さになった感じをつかみましょう。

⑥ すのこでブリッジ＆逆位

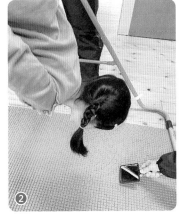

❶すのこに足をかけブリッジをする。脇をしめておなかを鉄棒に引きつける（肩角度減少）

❷さらに、前回りおりができる子どもは逆さのまま静止する

❸鏡を床に置いて見る。背中・おしり・つま先までまっすぐにする

❹その姿勢から腿を鉄棒に引っかけて深く曲げることにより、鉄棒に腰をかけ、腕支持の姿勢に戻る

みやもっちの**視点**

顎反射を起こすために、床に鏡を置いて見ます。あごが上がることで、背中・おしり・つま先までまっすぐになります。

これもオススメ ▶ **おさるのクルリンパ！パラリンコ！**

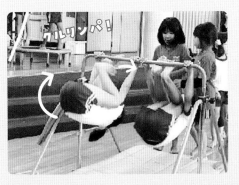

膝から上げて、「クルリンパ」と足抜き回りをします。着地したら、そのまま腰を上げて足抜き回りをして「パラリンコ」と元通り。回る感じを覚えたり、足の振り上げと脇をしめるタイミングをつかみましょう。

⑦ 逆上がりに挑戦！

腕は最初から引きつける（上）またはブリッジ（下）、どちらでもよい

❶足でけってブリッジし、おへそを鉄棒に引きつける

肩角度減少が始まる

❷足を振り上げるタイミングと同時に、鉄棒を下に押さえ逆位になる

❸鉄棒に腿を引っかける

❹腿が鉄棒に引っかかってから、腰のカギをつかい腰に鉄棒を引っかける

❺腰に鉄棒を引っかけたまま後方に回る

はじめてできた！の笑顔

みやもっちの
視点

● 回転するためには、足でけって振り上げ、より後転スピードを上げることが大切です。後ろに回転することが難しい子どもは「❶後転」に戻り、スピードをつけて回る練習をしましょう。

● 鉄棒の握り方は、逆手でも順手でもよいでしょう。
低鉄棒の場合、逆手だと地面をけるため回転速度が増し、腰を鉄棒にかけやすいと思います。高鉄棒の場合、腰の反動を利用して一気に足を引き上げるため、順手がよいと考えられます。

● 最初のかまえは、肘を曲げ鉄棒を引きつけて始める方法や、両手を引いたり伸ばしたりしながら、踏み込みのタイミングを合わせる方法など、子どもによってさまざまです。大切なことは肩角度減少を起こさせるための、それぞれのコツを探してあげることです。

「また来てなっ！　こんど、いつ来るんやろ？」

　みやもっち体育を初めて知ったのは、2019年春、高知県出身の職員が帰省した際、初めてみやもっちの体育指導を見学し衝撃を受け、大阪へ帰って開口一番「園長先生っ、おもしろい体育の授業をする人がいます!!」でした。

　それまで、どうしても運動の時間が学校体育の授業のような指導になってしまい、運動が好きな子は進んで参加するが、あまり好きでない子は億劫な顔をして参加する。基礎的な運動能力を、できれば楽しみながら向上させるには、どうしたら良いのだろうと模索していたので、早速大阪に来ていただくことになりました。

　飛行機に乗ったの？と驚くほど大きなバックに、秘密道具をたくさん忍ばせて登場したみやもっち先生は、早速子ども達一人一人の運動バランスや、全身を使えているかを見極めながら導入し、みやもっち流の言葉をかけ、どんどんやる気を引き出します。メインの運動（縄とび、鉄棒）では、子ども達に「○○やろうと思うんだけど…」といいながら、必ず失敗するところを見せます。すると、子ども達は大笑い、そして失敗してもいいんだ…と安心し、同時に、「ぼくはできるでー」「みせたろか」となります。「えーできるの？　すごいなー、じゃーやってみて」と、あっという間にみやもっちの魔法にかかり、いつの間にか全員が「やってみる!!」の気持ちに。運動と冒険ストーリーを織り交ぜ、遊びながら運動機能が高まる構成で、1時間半後、終わりを告げると「えー、もー早すぎーまだやりたい」と全員が心底残念そうでした。楽しいことには集中し、何時間でもやっていたい、その結果好きになり上手にできると得意になる。人間の当たり前の習性に改めて気づかされたみやもっち体育。「苦手、きらいは大人がそうさせているだけ。運動の嫌いな子どもは、いません」ともおっしゃっていました。

　現在、0歳児からの基礎的運動能力の向上に向け、感覚統合の研修にも参加するなど、皆で研究を続けています。「楽しく取り組む＝達成感＝脳の発達＝運動機能の向上!!」今後の目標に向け、これからもみやもっち体育で、たくさん学ばせていただこうと思っています。

社会福祉法人堺常磐会 北花田こども園　園長
森本優子

マット運動（前転）

　マット運動の前転は、足で立った体勢から前に1回転がって、もう1度足で立つ技です。
　幼児がよくマットや布団の上で行う「でんぐり返し」や「でんぐり回り」は、おでこや頭をつけてようやく回転し、バターンと両足をマットに投げ出す運動あそびとは違い、前転を滑らかに行うためには、転がるときに、後ろ頭からおしりへと、身体の背中からおしりまでの部分を順にマットにつける「順次接触」、再び立ち上がるために、転がりながら回転スピードを上げる「回転加速」、この2つの技術を身につけることが大切です。

こんな仕組みでできている！ ・運動構造・

両手をつき腰を高く上げる

＋

回転（後ろ頭）

＋

回転（背中）

＋

回転（おしり）

＋

立つ

\ マット運動（前転）の /
習得したい動き

● **順次接触**
後ろ頭（後頭部）からおしりへと、身体の背中からおしりまでの部分を順にマットにつけます。

● **回転加速**
再び立ち上がるために、転がりながら回転スピードを上げます。

人間に進化しよう

ワンコ、カンガルー、チンパンジー……動物のうごきをまねして身体を動かしてみよう。最後はコロンと1回転して人間に戻るよ。

ワンコ &
カンガルーになろう

チンパンジーの
ナックルウォーク

ダンゴムシになって
丸く転がろう

ワンワンコロンから
人間に変身

首の長いキリン
になろう

大きく揺れる
ダンゴムシ

① ワンコ & カンガルーになろう

腕支持

❶最初は誰もが「それならできる」と思える「赤ちゃんワンコ（ハイハイ）」。手のひらと膝をついて四つばい

❷次は「お母さんワンコ」。膝を伸ばしておしりを高く上げて高ばい

❸両手をつき、片足を伸ばししっぽをつくって「カンガルー」。手、足の順番でジャンプ（手足交互跳び）しながら進む

みやもっちの

逆さになった（おしりの位置より頭を下に向けた）ことがない子どもや、手のひらを床につけてしっかり指を広げ、両肩に体重をかけ身体を支持することが難しい子どもが、できそうだと思える運動から始めましょう。

② チンパンジーのナックルウォーク
腕支持

❶ チンパンジーの歩き方「ナックルウォーク」をまねして手をグーにし、握りこぶしをつけて歩く

❷「おさるになってウッホウッホと言いながらナックルウォークをしよう」

みやもっちの 視点

● ナックルウォークは、握りこぶしをつくり、手の甲を外側にして、地面につけて腕で支えて歩きます。子どもたちは、動物が大好き。動物園にいる動物の話や、好きな絵本の中に出てくる動物の動きを集めながら進めていくと、おもしろさが広がります。

● 普段あまり運動が得意ではない子どもの意見を取り上げて「今度は○○くんが教えてくれた動物になってみよう」と、一人ひとりの気持ちを大切にすることが、意欲的に運動に関わらせるきっかけになるかもしれません。

③ ダンゴムシになって丸く転がろう
順次接触

コロン

❶ マットに腰をつけて座った姿勢から、背中を丸くしてマットにつけるように後ろに転がる

コロン

❷ 後ろに転がることが怖い子どもには、マットに寝た姿勢から、起き上がる方法でもよい

みやもっちの 視点

● スムーズな前転を行うためには、転がるときに頭のてっぺんや、おでこがマットにつかないように、あごを引いて背中を丸め、後ろ頭から肩、背中、おしりと順番にマットにつけます。

● この順番にマットにつく「順次接触」が大切です。

④ 大きく揺れるダンゴムシ

❶保育者の「コロ～ン」という声と手の動きに合わせて、ダンゴムシになって大きく揺れる

❷「コロ～ン、コロン」と声に合わせて、伸ばした足を素早く曲げて身体を起こす

❸友だちと並んでタイミングを合わせながらやってみる

おやもっちの視点

スムーズな前転を行うためには、「順次接触」の他に「回転加速」の技術が必要です。大きく揺れるダンゴムシから、足の投げ出し動作に合わせ、素早く足を曲げ身体が起きるようにします。
起き上がるタイミングで、おなかに力を入れることも大切なポイントです。

⑤ 首の長いキリンになろう

❶後ろ頭と肩をつけ、両手で腰を支え両足を伸ばし（肩倒立）「キリン」になる

❷「キリンは首を伸ばしてエサを食べるよ」伸ばした足先でエサにタッチ

❸エサの位置を高くするとグッと背中や腰がさらに伸び肩倒立になる

おやもっちの視点

後ろ頭と肩をつけ、両手で腰を支え両足を高く伸ばした技を肩倒立といいます。両足をキリンの首に見立てます。「エサを食べるよ」と言うと、いっそう両足を高く上げることができるでしょう。
このように高く上げた両足を下ろすタイミングで、素早く両足を抱え込みます。そうすると、回転スピードが上がり立ち上がることができます。

⑥ ワンワンコロンから人間に変身

❶「ワンワン」と言いながら、高ばいのお母さんワンコになって前進

❷マットの上で「コロン」と前に回転する

❸「あら、人間になっちゃった」回転した後、立ち上がって歩き出す

おやもっちの
視点

● 前転では「ボールのように丸くなりましょう」と指導することがあると思います。ボールは丸いからといって、マットの上に置いただけでは転がりません。何らかの力が加わることで転がります。

●「ワンワン」と言いながら前に進む高ばいの動きは、前転を誘発する動きです。「コロン」では、おへそを見ながら回ります。回転した後は、高く上げた足を素早く曲げて立ち上がり、一点を見つめながら「スタスタ」と何事もなかったかのように歩きましょう。

運動が苦手でも、嫌いでも、
どの子もヒーローになれる体育！

　保育所に「みやもっち体育」をとりいれることになったのは、教育委員会の事業として実施が決まったからでした。格別乗り気であったわけではありません。でも、実際に始めてみると、子ども達の様子が変わってきました。

　みやもっち体育は、よくクラス全員で体をほぐした後、先生が動きを見せて「じゃあ、誰に前に出てやってもらおうかな〜」と言います。子ども達がいっせいに手を上げ、「それではお願いします」と、誰かが指名されます。「運動が不得意な子」「発達障害等のクラスで気になる子」等の子どもも指名されます。その子ども達はお手本と同じ動きをすることは難しいのですが、みやもっち先生は必ず良かった部分を褒め、成功に導くヒント（コツ）を伝授します。そして、クラスの友達から拍手を浴び、本当はできていないけれど、どの子も立派にできたように満足な表情です。活動に参加できない子どもに対しては、その子の興味がわくように、環境調整をし、決して無理やりに行いません。また、先生自身が失敗するところを子どもに見せ、子ども達は大爆笑！ですから、子ども達は失敗を恐れず、何度も楽しそうにチャレンジします。「みやもっち体育の時間」は、どんな子どももヒーローになって、失敗知らず！　だから「自分は運動が得意」だとステキな勘違いの魔法にかかってしまいます。それは、「みやもっち体育」が体の機能と発達段階をとらえ、運動理論を基にして、スモールステップで楽しく活動を進めながら、仲間づくりをする体育だからだと思います。

　子どもの変化は保護者にも伝わり、「運動嫌いな子が、今ではこの体育の時間を前日から楽しみにしている」「できるようになったことが自信になり、すぐにあきらめることがなくなった」等の話が聞かれるようになりました。

　私は今までの保育経験から、運動神経の良し悪しは、幼児期から現れ、生まれもっている資質的な部分も大きいのではないかと感じていました。でも、そう考えている大人が、運動嫌い（不得意）な子どもを育てていたのかもしれません。

　「みやもっち体育」の極意を私達大人が学べば、子ども達みんながヒーローになれる！そうなれば、体育の時間が変わり、子どもが変わる。「みやもっち体育」は「希望の体育」です。

ふたば保育所　所長
山口恵梨

跳び箱あそび

跳び箱運動は、大きく分けると助走、踏切、着手、着地の4つの動作が組み合わさった「支持跳躍運動」の特性をもった運動で、手と足との交互動作によるジャンプが特徴です。

幼児にとって跳び箱運動の基礎となる手足交互跳び（前転になる動きから後転の動きに身体を戻す切り返しの動作）の習得は困難です。幼児期から小学校低学年頃の段階では、手と足のジャンプが同時に起こる随伴動作（手と足の動きのタイミングを変えることができなかったり、手足が同時に動いたりする）が発生しやすいため、指導者は子どもによって指導方法を考え、どのように手足交互跳びの動きを習得させるかが大切になります。

大好きな動物になって手足交互跳びの技術を身につけてほしいです。

こんな仕組みでできている！ ・運動構造・

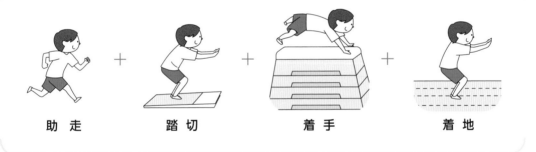

| 助 走 | 踏 切 | 着 手 | 着 地 |

跳び箱あそびの

習得したい動き

- **手足交互跳び**
  手と足を交互に動かして前にジャンプします。
- **支持上がり**
  両足をそろえてつき、顔を上げ、跳び箱の上に跳び上がります。
- **支持またぎ移動**
  またいだ姿勢で腕を支点に体重を移動させます。
- **体の投げ出し動作**
  踏み切りと同時に身体を前方に投げ出します。

動物森の冒険

動物になって、歩いたりジャンプしたりしながら森を冒険しよう！

ワンコ

アザラシ

カンガルー

ウサギ

ライオン

開脚跳びを
しよう

高い壁を登ろう

モモンガ

仲良しウサギ

バッタ

① ワンコ

腰高の手足歩き

❶手のひらを開いてつき、肘と膝を伸ばし腰を高く上げて「腰高の手足歩き」

❷「ワンワン」と言いながら、両肩に体重が乗るように、犬になりきって進んでみよう

みやもっちの

いきなり手足交互跳びを行うより「それだったらできるぞ」と、子どもが思える動きから始めることが大切です。まず四つばいで歩いてみましょう。
腕で自分の身体を支える力やその感覚を身につけること、手のひらを開くことなどがうまくできていない子どもも少なくありません。普段から手押し車や背面歩き、足ジャンケンなどのような、手で支えるあそびを数多く経験しているといいでしょう。

② アザラシ（アザラシ歩き）

❶両腕をついて四つばいになる

❷両腕をついて支え（腕支持）ながら、両膝を浮かせて前に出す

> みやもっちの 視点
>
> ●「アザラシ歩き」は腕支持を行いながら、両膝を浮かすことをくり返して進みます。両膝ではジャンプしにくいため随伴動作が起こりにくくなります。
> ●「アザラシ歩き」は、2歳児から3歳児頃でも楽しくできる運動あそびです。このような手で身体を支える（支持）能力を高める運動を多く経験しておくことが大切です。

③ カンガルー

❶「カンガルーは長いしっぽがあるよ」両手をついて片足を高く上げる

❷うまくできない子どもには「しっぽをビヨ〜ンと上げてみよう」と声をかける

❸両手をしっかりついて足を上げると「手足交互跳び」のような動きになってくる

> みやもっちの 視点
>
> ●子どもたちに「カンガルーを見たことがある？」と聞き、カンガルーの長い大きなしっぽをみんなでイメージします。最初に保育者がお手本を見せて「ビヨ〜ン」と言いながら、おおげさにしっぽ（片足）を高く上げましょう。
> ●急いで進もうとせず、1回1回腰を高く上げ、逆さになっても身体の力を抜かないで、腕でしっかり支えられるようにしましょう。

④ ウサギ

❶「手、足、手、足のリズムで進むよ」手をついたとき、足でジャンプする

❷「うさぎは丸いしっぽをピョンと上げるよ」

❸「ゲロゲロカエルじゃないか!?」手と足が同時にジャンプしている（随伴動作が起こっている）

- ウサギの動きは手足交互跳びです。幼児期から小学校低学年までは、随伴動作が残っており、うまく手と足とのタイミングをずらすことが難しい子どもがいます。
- 手足交互跳びがうまくできない場合は、「②アザラシ」「⑥バッタ」を行うと、動き方が理解できるようになります。

⑤ ライオン

❶「おしりが下がるとカエルだよ」両手の間隔が広いとおしりが低くなる

❷「ライオンは、おしりが高くて強そうだ」両手をそろえて跳び箱の上に支持上がりをする

- 跳び箱を岩に見立てて跳び箱の上に両手をつき、身体を支えて上がります（支持上がり）。同時に「ガオー！」と顔を上げてライオンのように吠えます。吠えることによって顔を上げて前方を見るようになります。
- 着手した両手の間隔が広いとカエルになりやすいので、両手をそろえましょう。腰が低い場合は、「カエルになっているよ」と声をかけると、腰を高く上げることに注意を向けやすくなります。
- 「ライオン」ができるようになったら、そのまま岩（跳び箱）からピョンと下りる「ライオンおり」をやってみましょう。

6 バッタ

❶平均台に両手をつき、横に跳び越える。「バッタは、横にピョンピョン跳ぶよ」

❷腕でしっかり支えて、リズムよくジャンプする

みやもっちの
視点

● 跳び箱は横向きにして跳び乗ることが最も容易であるといわれています。最初は横から跳び乗ってみましょう。

● いきなり開脚跳びが難しい場合、平均台を使って横に片足ずつまたぐ、両足で跳び乗る、両足で跳び越すというように変化させます。そして、支持またぎ移動（「7 仲良しウサギ」）に移行してみましょう。

7 仲良しウサギ

❶平均台をまたいで両手をつき支えながら、両足を前に出して進む（支持またぎ移動）

❷「せーの！」と友だちと声をかけ合いタイミングを合わせて跳ぶ

みやもっちの
視点

● 低い平均台でウサギの動きを行います。最初は1人で行い、ウサギの足跡（手をついた場所）より足を前に出すことを伝えます。そうすると、腰の位置が高くなり、手を突き放す動作ができるようになります。

● うまくできるようになったら「なるべく少ない回数で向こうまでいけるかな？」と声かけをすると、より遠くに手をつこうとする「身体の投げ出し動作」が発生します。友だちと回数を決めてタイミングを合わせながら挑戦すると楽しく運動が続くでしょう。

⑧ モモンガ

❶「モモンガー！」助走なしでトランポリンのバネを利用してステージのマットへ跳び移る

❷「モモンガは足を広げてとぶよ」両足で踏み切ったら、しっかりステージに手をつき開脚して跳び上がる（開脚支持上がり）

みやもっちの視点

- ウサギで身につけた手足交互跳びと身体の投げ出し動作の感じを、高さのあるステージで行ってみましょう。腕支持をしないでジャンプする子どもには、ステージに両手のひらをしっかりつき、そのまま両足で何回か腰を高くさせるようにジャンプするところまでをくり返します。
- 腰が高く上がり腕支持ができる感じがつかめたら、踏み切ってステージの上に開脚して支持上がりを行います。

これもオススメ　　　どこでも跳び箱

すべり止めシート（100円ショップなどにあるもの）に手のひらのマークを描きます。好きな動物の手のひらを描いてみましょう！いろいろな物の上に置くと跳び箱に変身。

- 園舎内で：階段の上に置き、開脚支持上がりを行いながら移動します。
- 園庭で：重ねた古タイヤを固定してその上に置くと、タイヤ跳び箱に。

- 探険に出かけよう：園内のどの場所なら支持上がりができるか、みんなで探険に出かけ発見することも楽しいですよ！
支持上がりができる場所、できない場所を後で意見交換するなど、子どもたちの好奇心や不思議を引き出すと、跳び箱が「跳べた」「跳べなかった」というだけでなく、仲間といっしょに楽しかった、保育者の背中で跳べてうれしかった、という想いが残るでしょう。
また家に「どこでも跳び箱」を持って帰り、お母さんの背中を跳んでふれあい遊びを行うことができれば、子どもの身体の健全な発育だけでなく、心の発達にも効果をもたらすでしょう。

⑨ 高い壁を登ろう

❶助走から踏み切って「よいしょ」と高い壁を乗り越える

❷マットを長なわでくくりロールケーキをつくる。助走して横から跳び乗る

❸反対側に下りる。横跳び越しでの着地を経験する

みやもっちの **視点**

● 跳び箱運動は、高い跳び箱や塀、壁などによじ登ることを数多く経験すると、自然発生的に跳び越しの形態になっていくといわれています。❶のように、最初は身体の手、肘、胸、腹、太腿、足など、いろいろな部分を接触させながら登り、次第に❷のように手と足で跳び乗る動きに変わり、身体の接触部分を少なくしていきます。最後には、跳び箱を手の接触だけで跳び越すという動きに変わります。

● いきなり跳び箱で開脚跳びの練習を行うことより、「おもしろそう」「自分にもできそう」と思える、このような運動あそびを数多く経験しておくことが大切でしょう。

⑩ 開脚跳びをしよう

着地が跳び箱と同じ高さ

❶両手のひらを跳び箱にしっかりとつく

❷腕で体重を支え、身体を投げ出して開脚

❸着地

❹両手のひらを跳び箱にしっかりとつく

❺腕で体重を支え、身体を投げ出して開脚

❻着地

❼踏切板の代わりにトランポリンのバネを使い、「踏み切り」から「身体の投げ出し動作」に移る

❽「着手」し身体を支え、手の突き放しと足を開くタイミングを合わせる

❾マットの上に着地する

跳び箱が苦手な子どもは、手をついて跳び箱を跳んだ後、前のめりに落ちるのではないかという恐怖がある場合も少なくないでしょう。

開脚跳びは、跳び越した後、前方に回転する動きから後転への動きに変え上体を起こさなければいけません。思いきって跳べない子どもは、踏み切った後、そのまま顔から落ちてしまう恐怖を感じているかもしれません。運動は、失敗し痛い思いや恐怖を感じると、何回も挑戦することができなくなっていきます。

「❽モモンガ」のように、跳び箱の着地を跳び箱と同じ高さの平面にすると、その恐怖が少なくなると思います。踏切板代わりにトランポリンを使うのもおすすめです。

少しずつ着地場所を低くしながら開脚跳びに挑戦してみましょう。

長なわ跳び

　長なわ跳びは、助走（なわの中に入る）、跳躍、走り抜ける（なわから抜ける）からなる組み合わせ運動と、「なわ」の動きに自分の動きを合わせるという運動が含まれています。

　なわの中に入るとリズミカルな連続ジャンプが必要です。子どもにとっては、非日常的な動きであるため難しい運動でしょう。

　なわをよく見て逃げたり、追いかけたりする運動あそびから、なわに入るタイミングやジャンプのリズムをつかみましょう。

こんな仕組みでできている！　運動構造

 ＋  ＋

助　走 　　　　　　　　　跳　躍 　　　　　　　　　走り抜ける

\ 長なわ跳びの /
**習得したい
動き**

◉ **なわの動きに自分の動きを合わせる**
自分の顔の前を通過するタイミングで、なわを追いかけるように入ります。

◉ **リズミカルに連続してジャンプする**
ターナー（なわを回す人）の顔あたりを見ましょう。なわの動きやスピードがわかり、リズミカルにジャンプすることができます。

海賊の島で波あそび

ここは海賊の島。ザブーン、ザブーン……海辺に寄せては返す波。カニになって、波といっしょに楽しそうに行ったり来たり。最後は大きな波のジャンプに挑戦だ！

波あそび

大波
カニカニジャンプ

リボンの長なわ

① 波あそび　　　　　　　　　　　　　　　　　　　　　なわの動きの理解

追いかけて〜

逃げて

❶マットを砂浜、長なわを波に見立てる。長なわの両端を保育者が持って、マットから離しながら「波を追いかけて〜」と声をかける

❷反対に長なわをマットに近づけながら「波から逃げて〜」とマットに戻る。何度がくり返す

みやもっちの
視点

「みんな海に行ったことがありますか？　みんなはいま、海賊の島にいますよ」と話し、海辺のイメージを喚起し、長なわ（またはリボンなど）を波にして「波あそび」をします。
まず、子どもが、動いている長なわの仕組みを理解することが大切です。

❸「波を追いかけすぎると足がぬれてしまうよ。追いかけないでいると跳べないね。波が跳びやすい場所はどこだろう？」次は波を追いかけた後、マットに戻らずに戻ってくる波を待つ。「跳んで！」と声をかけて、両足でジャンプして跳び越す

● どの場所で待っていて、どのような感じで跳べばよいかを探しましょう。
最初に保育者が、わざと失敗し、子どもたちに「どの場所が逃げやすくて、跳びやすいところだろう？」と聞きます。多くの子どもたちが「真ん中！」と言うでしょう。うまく跳べている子どもをお手本にして、保育者が具体的に「なるほど！ 波（長なわ）を持っている先生の顔が正面に見えるところが真ん中だね」と説明します。

② 大波カニカニジャンプ

ジャンプ

❶長なわを持つ保育者は子どもと向かい合う。長なわを大きくゆっくり揺らし、横歩きで追いかける「カニになって波を追いかけるよ」

❷長なわを持つ保育者の正面まで来たら、「大きな波がぐるっと回ってきたよ」と声をかけ、長なわを回す

● 子どもたちが長なわを持つ保育者の正面（＝長なわの真ん中）に来たことが確認できたら、長なわを回します。
● 下ばかり見て長なわの真ん中に並ぶことが難しい子どももいます。そのようなときは、なわを持つ保育者が「先生の顔が見えない人は、いないかな？」と、真ん中に並ぶように促し、連続で跳びやすい場所はどこかを気づかせるようにします。

❸「タイミングを合わせてカニジャンプ！」何回か回してジャンプする。

❹「ジャンプ！ 1回、2回、3回、カニ歩きで逃げて〜」ジャンプした後、横歩きのまま入ってきた反対側へ抜ける

みやもっちの

長なわに合わせて両足でのジャンプが難しかったり、片足ずつ跳び越したり、足元のなわばかり見て跳ぶ子どもがいます。この場合、まず、両足でジャンプができるかを確認します。保育者が両手を持って「先生の顔を見ながらジャンプしてみよう。これが2つの足でジャンプだよ」と伝えます。両足でのジャンプが苦手な子どもは、波がくると気持ちがあせって、わかっているのに自分の手足が違う動きをしてしまう（反逆身体）行動が見られます。

保育者の目、顔、肩あたり、腕あたりなど、どこを見るとよいか、跳べない子どもといっしょに探しましょう。

これもチェック リボンで長なわ

材料は、園芸用支柱2本（長さ75cm）、リボン（幅1.6cm・長さ250cm）、ビニールテープ、サルカン（釣り具用品）2個。どれも100円ショップでそろえることができます（この通りでないといけないということではありませんので、参考にしてください）。

支柱の輪っかを引っ張って外します。キャップのついていない端は尖っているので、ペンチなどで取り、輪っかのつなぎ目の部分も外します。

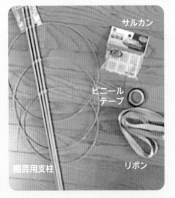

サルカン

ビニールテープ

リボン

園芸用支柱

キャップのついていないほうにサルカンをビニールテープで巻きます

サルカンにリボンを結んで完成

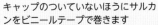

キャップのついている端

❶長なわの代わりにリボンを使う。ぐるりとリボンが回って（かぶりなわ）、顔の位置にきたらキャッチする

❷リボンをつかんだままターナーの顔が見える位置まで移動する

❸リボンを離しターナーと向かい合わせになって、顔を見ながら跳ぶ

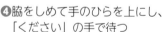

❹脇をしめて手のひらを上にし、「ください」の手で待つ

❺リボンが手の位置にきたらつかまないで手のひらにのせ、「くださーい」と言いながら、リボンの動きに合わせて中に入る

❻ターナーの顔を見ながら垂直跳びをする。
❹から❻をくり返し、連続して跳ぶ

● 子どもが知りたいのは、どのように長なわに入ればよいかということです。長なわに入るタイミングをつかむために、回ってくる長なわ（リボン）が顔の前にきたらキャッチします。

● 幼児には、言葉の説明がまだ難しいため、どのあたりに長なわがきたら、つかみやすいか体験させ、身体を通して覚えることが大切でしょう。

● 「そろそろ入る準備だぞ」と考えるポイントは、長なわが上にきたとき、下にきたときなど個人差があります。つまり、それが一人ひとりのコツです。しかし、誰にでもいえるのは、なわに入るタイミングは、必ず顔の前をなわが通過するのに合わせて動き始めるということです。

心が動き　体が動く　やりたいを育む
みやもっちマジック

「みやもっち先生だ」「先生、おはよう」振り返る子どもたちの身体と笑顔が弾け、宮本先生を迎えます。子どもたちの「うれしい」「楽しい」との気持ちがストレートに伝わり、笑顔が広がる1日のスタートです。

宮本先生との出会いは、さかのぼること12年程前となります。教育委員会の派遣事業で講師としてお越しいただき、初対面となる園児たちとの触れ合いは、子どもたちの瞳が輝き、歓声溢れるひと時となりました。

本園は、ひたむきに取り組み、「やったあー」「できた」「すごいぞ」「どうして?」「へえー」「面白い」「もっとやりたい!」こんな感嘆詞が子どもたちからあふれる生活体験を最も重視し、保育のポリシーとしています。やりたい気持ちに火がつくと、子どもたちは、自ら挑戦し、新たな冒険に踏み出します。

宮本先生は、「できる、できない」という評価、「ガンバレ　ガンバレ」という激励コールでもなく、「自分にもできそうだ」「やってみよう」「やりたい」という気持ちを紡ぎ、揺れる心を抱えた子どもたち一人一人のエネルギーに火を灯します。子どもたちの心と体をドキドキからキラキラへと進化させていきます。みやもっちマジックと表現したくなる所以です。その姿勢とみやもっち体育というメソッドは、本園の教育方針にもリンクするものがあり、共感を覚えます。

子どもたちは楽しそう・面白そうと思えば自ら手を伸ばすし、動きだすもの。「やってみたい」と心が動く遊び体験を思い切りできるよう手を尽くすことが、生涯にわたって必要な考える力、自ら学ぼうとする力を育てる近道であろうと思います。指示し、やらせる押し付けられる運動遊びではなく、自らやりたくなる夢中になれる運動遊び=みやもっち体育は、そんな育みの道筋に力を貸してくれています。

今日も「みやもっち先生ありがとう」「また来てね」子どもたちの笑顔が新たな輝きを放ち、宮本先生を見送ります。子どもたちと共に感謝とエールを送ります。

学校法人沢田学園 認定こども園みさと幼稚園 前園長
花岡裕子

短なわ跳び

　短なわ跳びは、振り上げ、振り下ろし、跳躍（ジャンプ）、振り越し、振り上げからなる組み合わせ運動です。腕は循環運動で、足は垂直跳びという異なった動きを同時に行うため、子どもには難しい運動でしょう。

　幼児期から小学校低学年までは手と足とのタイミングをずらすことができず、同時にジャンプしてしまう「随伴動作」が起きてしまい、あきらめてしまう子どもも少なくないでしょう。この「随伴動作」が起こらないようにするには、なわを前にセットして引っ張るように足元に近づけて跳び越し、腕を回すことから始めます。短なわ跳びの一番大切な動きの場面（主要局面）は「なわを跳び越す」ことです。腕を回す練習も大切ですが、最初は「なわを跳び越したら回す」というように「跳ぶ」ところから始めてもよいでしょう。

こんな仕組みでできている！ ・運動構造

 ＋  ＋  ＋

振り上げ　　　　振り下ろし　　　　跳　躍　　　　振り越し

＼ 短なわ跳びの ／
習得したい動き

● なわの振り上げから回転へ

なわを後ろから前に振り上げることが難しいのは、なわの先に重さを感じる経験が少ないからだと考えられます。最初、真下に垂れ下がっているなわは、少しの揺れから大きな揺れになり、回転します。

● 回転したなわを跳び越す

両腕で振り上げ、振り下ろして回転したなわを、両足で跳び越します。

忍者しゅりけん丸参上

忍者修行のはじまりはじまり。一本橋を渡るよ。忍者ホースを回しながらはじめはゆっくり、だんだんスピードアップ。技をみがいてドクロ忍者と忍術対決だ！

ぬいぐるみジャンプ

忍者ホースで
歩く修行

忍者ホース
かけ足跳び

忍者ホース
2人跳び

忍者一本橋
ホースジャンプ

① ぬいぐるみジャンプ　　　　　　　　　　なわを跳び越す

❶なわを下から揺らし、なわの先に重さを感じながら、ぬいぐるみを引っかける

❷足元まで引き寄せたら、両足で跳び越す

みやもっちの
視点

なわ跳びの一番大切な、なわを跳び越す動きを、ぬいぐるみを使って楽しく行ってみましょう。

② 忍者ホースで歩く修行

❶「一本橋をわたる修行じゃ」「毒グモやヘビのところは、ジャンプするのじゃ」
低い平均台の上を歩く。クモなどのおもちゃを置いておきジャンプしてよける

❷「忍者ホースを回しながら一本橋をわたる修行じゃ」
なわより半円の形状を保ちやすいホースを準備。ゆっくり回しながら平均台を歩く

❸「最初は忍者ホースを前にしてまたぎながら回すとうまくいくぞ」
ホースを後ろから回さず、足の前に出し、またぎながら回す

みやもっちの
視点

● 短なわを跳ぼうとすると、なわを振り上げるのと同時に手と足がジャンプしてしまう子どもが多くいるでしょう。それは、幼児期から小学校低学年頃まで見られる「随伴動作」が関係していると考えられます。「随伴動作」が起こってしまう子どもは、なわが足元にきたら跳ぼうとわかっていても、「なわを回したらジャンプする」と２つのことを考えてしまうと、手と足のタイミングをずらすことが難しく、同時にジャンプしてしまいます。
● この「随伴動作」をなくすためには、子どもに１つのことしか考えさせないようにするとうまくいきます。まずは、低い平均台の上を「落ちないように歩く」ことから始め、次にホースを回しながら歩きます。

❹慣れてきたら少しスピードアップ。
「もう少しスピードを上げてみよう」
「忍者ホースの回し方もみごとじゃ」

みやもっちの
視点

● ホースをうまく回せない子どもは、回し方をチェックします。後ろから回すのではなく、はじめから足元にホースをセットして、またいで越してみましょう。またいで越したら、ホースを後ろから前に回して足元にセットします。これをくり返します。慣れてきたら少しスピードを上げます。

③ 忍者ホースかけ足跳び　　　　　　　　　　循環運動と垂直跳び

❶「忍者ホースリレーじゃ」
　かけ足跳びでリレーをする

❷途中で「友だちのほうを向き、
　その場で10回跳んでみよう」

❸「かけ足跳びでドクロ忍者との
　戦いに向かうぞ！」

みやもっちの
視点

　かけ足跳びを行いドクロ忍者との戦いに向かいます。忍者ホースをバトンにして友だちに渡しリレーします。
　長い物や、なわを回した経験の少ない子どもは、友だちが近くにいても回してしまいます。幼児期から小学校低学年までの空間認知力の発達には個人差があり、友だちのなわがどのように動くのかが想像できにくいと考えられます。友だちと関わることで、後ろで待っている友だちにホースが当たらないように回すことを学び、待っている子どもも「ホースが当たると痛い」と気づくようになるでしょう。

④ 忍者一本橋ホースジャンプ　　　　　　　　循環運動と垂直跳び

❶「かけ足で一本橋を渡る修行
　じゃ」一本橋の上でホースを
　回しながら進む。慣れてきた
　らかけ足跳びに

❷「次はギャロップをするように
　ジャンプするのじゃ」
　かけ足にステップを加える

❸「真上にジャンプ！」
　ジャンプを加える

みやもっちの
視点

　一本橋になれてきた子どもは、かけ足で進むことができるようになってきます。同時に忍者ホースの回し方も上手になってきます。
　「かけ足」→「ギャロップ」→「真上にジャンプ」というように、一人ひとりの上達するスピードに合わせて行うことが大切です。

⑤ 忍者ホース2人跳び

おやもっちの
視点

❶「友だちとタイミングを合わせて！」なわを回し、いっしょにジャンプする

❷「せーのー」
「友だちとうまくいくと楽しいね」

● 保育者や保護者は、子どもが短なわを跳べるようになると、10回、20回と回数を増やすことや、次の新しい技に取り組ませたりすることがあるのではないでしょうか。大人は子どもに量や速さ、高さなど、目に見えるものを求めがちです。

●「今日は何回跳べたの？」と毎回、保育者や保護者に聞かれると回数をごまかしたり、その場から離れてしまうなどよくあるのではないでしょうか。

● 運動が楽しく感じ、「もっとやりたい」と思えるためには、新しい技や回数もあるかもしれませんが、友だちとタイミングが合った心地よさを知ることが大切であると思います。

これもオススメ 二重跳びに必要な「しゃくり」

二重跳びを行うときは、「しゃくり」という手首の動きが必要になります。「しゃくり」とは、釣り竿を「くいっ」と上げる動きです。「しゃくり」を身につけるために、トランポリンでジャンプし、マラカス（鳴子）を素早く「シャカシャカ」と空中で2回動かします。マラカスの音を楽しみながら、手首で素早くなわを2回まわす類似性の動きを身につけましょう。高知県には、よさこい踊りで使用する「鳴子」があります。高知の子どもたちには、なじみのある道具です。

遊び心と専門性

　みやもっち体育を初めて拝見した時、「病院のリハビリテーションに足りないのはこれだ！」と衝撃を受けました。当院では、体がうまく使えず運動がぎこちない、協調運動が苦手などの発達性協調運動症のお子さんにリハビリテーションを行っています。苦手な動きを遊びの中で練習しますが、すでに運動に苦手意識をもっているお子さんですので、気分を乗せるのに苦労していました。みやもっち体育は号令もなく始まり、子どもたちの中で自然に発生した遊びを発展させて進めていきます。遊びながら、いつの間にか体育を経験し、運動技能を身につけていきます。宮本先生が子どもたちの世界観の中で、運動学に基づいて獲得させたい動きを口頭指示ではなく仕掛けで誘発することで、子どもたちはたくさんの「できた」を経験します。ゾンビに捕まらないように身を潜めたり、蛇に噛まれないように足を引っ込めたり、ワクワクする遊びを通して鉄棒や縄跳びなどに必要な技能を身につけます。運動を分析し、工程ごとに分けてスモールステップで練習するため、体育嫌いのお子さんも抵抗なく参加しています。また、友達とタイミングを合わせて動く活動や、鬼に捕まった友達を助ける遊びなど、他者を意識した遊びが多いのも魅力です。

　そんな魅力たっぷりのみやもっち体育を、発達障がいのある子どもたちが利用する放課後等デイサービスでも取り入れています。集団活動が苦手、不器用、多動、注意散漫など様々な困り感を抱えていますが、子どもたちにとって、みやもっち体育はワクワクの宝庫です。宮本先生の言葉かけに集中し、思わず苦手なことにも挑戦している子どもたち。そんな魔法のようなみやもっち体育ですが、運動学や子どもの心理を分析し、理論に基づいた運動指導ですので、私たち支援者もみやもっち体育を学ぶことで、運動のやり方を教え込むのではなく、子どもたちのワクワクやできたを増やせる運動遊びを実践できると感じています。また、身近な道具を利用して、体を使って子どもとコミュニケーションを図るみやもっち体育は、保育所やご家庭でも真似ができる要素も多いですので、親子関係の土台作りとしても活用できると感じています。

医療法人治久会 もみのき病院リハビリテーション科 科長・作業療法士
岡林美由紀

プール

「泳ぐ」という基本形態は「浮く」ということだといわれています。

いくら床の上でクロールの手の動きやバタ足をする練習をしても、水に浮くことができないと泳げないからです。水の特性である「浮遊感」に触れることが大切です。

また、水の特性は、耳、鼻、目、喉という粘膜に刺激を与えます。それが苦手な子どもはプールを嫌がります。

しかし、水は、子どもにとって嫌な特性ばかりではありません。プールでは陸上では味わえない「浮遊感」を楽しむことができます。まずは、粘膜の刺激を避け、呼吸を確保し「浮く運動」から始めて、「泳ぐ運動」への移行を大切にしましょう。

幼児期には、水の特性の楽しさや、水の不思議に触れ、「もっとやりたい！」と思える内容であることが、水難での自分の身を守るための「自己保全能力」獲得につながるとともに、将来、競泳やマリンスポーツへの興味につながっていくでしょう。

こんな仕組みでできている！ ・浮く運動・

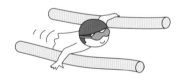 

両手・両足をまっすぐに伸ばして、浮力を使って浮く

\ プールでの /
習得したい動き

🌀 水に浮く

水が苦手な子どもは、「自分は沈む」と考えているため、恐怖心からビート板などにつかまるように力を入れることが多く、うまく浮くことができないようです。また、幼児期にはバタ足をしようとすると力の加減が難しく、力いっぱい足を動かしてしまいバランスが崩れる場合がよくあります。

まずは、バタ足をしないで、両手・両足をまっすぐになるように伸ばしましょう。プールあそびは、浮力を使って身体のどこに力を入れてバランスをとればいいか「自分のコツ」を発見する楽しさを味わいましょう。

進めはらぺこクジラ

広い海、大きなクジラがやってきた。背中にのって大海原へ冒険だ！
水はちょっとこわいけど、仰向けになってちからを抜いたら、からだがゆっ
たり浮かんだよ。

ドキドキ
下からシャワー

はらぺこクジラに
のって

クジラにのって
バタ足で進もう

水はプールに
浮かぶかな？

雨がザーッ

スポンジのスティック
でプカリ

ジュースの
プール

お昼寝しながら
海賊島へ

海賊プール

クジラにのって
息継ぎ

失敗と成功の
姿をみせよう

これもチェック

サーフボード
ケース

水に「浮く」体験をする道具
として、サーフボードケース
を使っています。ビート板よ
り大きく、安定して乗ること
ができます。

1 ドキドキ下からシャワー

❶シャワーを下に置いて水を出す。上からのシャワーは怖いけど、下からなら安心して、小さな水をのぞき込むことができる

❷「大きくなれー！」「小さくなれー！」と声をそろえて叫び、その声に合わせて保育者は、水の量に強弱をつける。子どもたちは、足で水を押さえて水を感じたり、突然、自分の身体より大きくなる水に歓声があげ、ドキドキしながら、いつ大きく上がってくるのか期待して待っている

みやもっちの視点

● シャワーの時間は、多くは冷たい水を上から浴びています。水が苦手な子どもにとって冷たい水は、より気持ちがふさいでしまいます。「下からシャワー」で楽しく水を浴びましょう。

● 気温が低いときには、プールサイドで楽しく水に慣れることです。苦手な子どもが水への興味・関心をもてるように工夫することで、自然と顔をつけたりできていくでしょう。

● クジラがしおを吹いているよと海をイメージさせ、この後に乗る「クジラ（サーフボードケース）」へとつなげます。

これもチェック 「下からシャワー」を作ろう

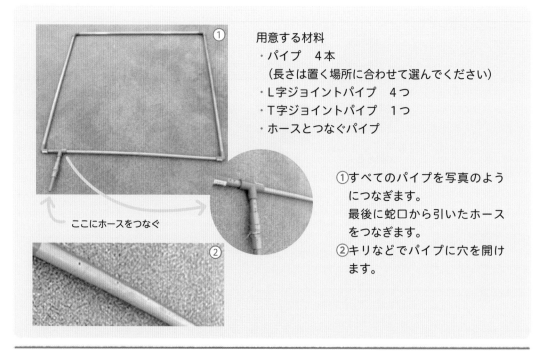

ここにホースをつなぐ

用意する材料
・パイプ　4本
　（長さは置く場所に合わせて選んでください）
・L字ジョイントパイプ　4つ
・T字ジョイントパイプ　1つ
・ホースとつなぐパイプ

①すべてのパイプを写真のようにつなぎます。
　最後に蛇口から引いたホースをつなぎます。
②キリなどでパイプに穴を開けます。

② はらペコクジラにのって

浮く

❶サーフボードケースをクジラ
に見立てお話の始まり
❷大さなクジラはおなかがペコ
ペコ。みんなのプール道具
（ビート板、おもちゃなど）も
飲み込んでしまう（サーフボー
ドケースに入れていく）。
このクジラの上に乗る

みやもっちの

サーフボードケースを使って「浮く」体験をします。普段、子どもたちがプー
ルで遊んでいるビート板や、おもちゃなどを豪快に丸呑みにしていくおもしろ
さや、子どもが想像する世界に共感しながら「クジラに乗ってみたい」という
意欲を引き出します。4〜5人で乗って浮いてみましょう。
身体の力を抜きまっすぐに伸ばして浮くことは、4泳法の基本でもあると考え
ます。

③ クジラにのってバタ足で進もう

バタ足

❶目的地はジュースの島。クジ
ラ（サーフボードケース）に並
んで乗って、バタ足をしなが
らプールの端まで進む

❷❷で飲み込んだビート板など
を徐々に出して、小さくなっ
たクジラでも上手に浮かぶこ
とができるようにする

❸ジュースの島に上陸したら、
美味しいジュースを頭から
「ジャー」とかけてもらうよ

みやもっちの

となりの友だちのことを考えながら、動きを感じ、力を合わせてバタ足をしま
す。「まっすぐに進めてないよ」と声をかけると、自分たちで考えながら目的
地であるジュースの島に進むようになるでしょう。保育者が「後ろからサメが
追いかけてきたぞ」と言うとバタ足のスピードが増していきます。
水を入れ本物のジュースの缶を浮かべた洗面器とひしゃくを用意し、島に到着
したら頭から水をかけます。保育者が「オレンジジュースでーす！」などと声
をかけると、より楽しさが増します。
「みんながクジラに乗るから、だんだん小さくなってきたよ」と言って、サー
フボードケースからビート板などを出していきます。最終的には、サーフボー
ドケースだけで浮かび、進めるか挑戦します。

④ 氷はプールに浮かぶかな？

水の特性

❶「氷のかたまりをプールに入れると沈む？ それとも浮かぶ？ みんなで考えてみよう」

ジャボン！

❷ジャボン！と氷をプールに投げ入れる。子どもたちは「あんなに重かった氷がなんで浮かぶの？」

❸氷の中をのぞくと、どうなっているのかな？ 氷をよく観察して意見を言い合う

みやもっちの視点

● 氷のかたまりを準備します。子どもたち一人ひとりに持たせ、重さを確かめさせて「この氷は浮くでしょうか？ 沈むでしょうか？」と問いかけます。子どもたちの多くが「重いから沈む」と言います。子どもたちには、それぞれ意見を言いながら、保育者を交え対話をします。保育者は「重いのになぜ浮くか」を考え、水の特性「浮く」という課題に目を向けて、答えを教えることでなく自分で答えを探せるように促します。

● 水を苦手と感じている子どもは「溺れたら怖い」という恐怖心が強いと考えられます。子どもは苦しいことや不快なことを避けようとしますが、怖さや息をとめる苦しさより「自分も水に浮けるのかな？」と感じられるような驚きと発見をすることで、水への興味・関心を高めていくでしょう。

これもチェック　スポンジのスティック

スポンジの細長い棒です。
水が苦手な子どもでも身体が浮く楽しさを味わうことができるでしょう。
また、投運動の「❶モンスターのヤリ投げ」（83頁）にも登場します。特別なものでなくても、100円ショップにあるようなもので十分です。

⑤ スポンジのスティックでプカリ

❶スポンジのスティック2本を使って浮く感じをつかむ

❷最初は少しずつ足を開きながらパーの形をつくる。足先がプールの底から慣れてくると自然に身体が浮く

❸水に浮く感じをつかむために片足でケンケンをしながら進む。慣れてきたら両足を浮かせる

みやもっちの視点

プールが苦手な子どもは「浮く」という水の特性をまだ知りません。顔に水がかかることを嫌がる子どもも「浮く」という非日常な体験をすると、自分の身体が無重力のようにフワフワ浮く現象に夢中になります。

それは、初めて自分の力で浮くことができたときの子どもの表情や言葉でもわかります。「ぼく、初めて泳げた！」と言った子どもの言葉に深い意味があるような気がします。

❹スポンジのスティックに脇で押さえるようにして乗り、両腕を広げる

❺布団で寝るようにスポンジのスティックを枕にして仰向けに浮く（背浮き）。おへそを水から出すことが大切

みやもっちの視点

腰が曲がり沈む子どもには、怖いという不安があります。それに対し「怖くない大丈夫！」という言葉がけだけではうまくいきません。子ども自身が浮いてみたい！　大丈夫だ！と自分の身体が浮くという日常では味わえない無重力感を、楽しいと感じられる方法や工夫が必要となります。

不安がある子どもには、サーフボードケースで背浮き（「⑧お昼寝しながら海賊島へ」）の感じをつかませるのもおすすめです。

⑥ 雨がザーッ

❶「先生がザーッと言ったら息をとめてね」と説明し、シャワーを顔にかける
❷顔にかかったシャワーをはらい息を整える。「先生がはっ！ はっ！ はっ！ と言ったら、先生と同じように声を出しながら顔をふいてね」
❸シャワーがかかっているときだけ息をとめ、そのあと声を出して息を整えるという２つのタイミングを覚える

● 水が苦手な子どもは、顔に水が近づく前から息をとめていることが多いように思います。そのため息が続かなくなり、苦しい思いをして顔つけが嫌になることもあるでしょう。どのタイミングで、どれだけの時間、息をとめればよいのかを自分のコツとして発見するために、タイミングがわかるような声かけの工夫をします。「雨がザーッと降ったら…」など、子どもがイメージしやすい言葉を選んでみてください。

⑦ ジュースのプール

❶プールサイドで洗面器に水を入れ、本物のジュースの缶を沈める。「水じゃなくてジュースだから平気だね」顔を少しだけつけてみる
❷次は、プールの中でジュースが入った洗面器を浮かべて顔をつける
❸1人でもプールの中で顔をつけることができるようになったよ

● プールが苦手な女の子が「プールがジュースだったらよかったのに……」と言ったことから始まったあそびです。洗面器の中に、本物のジュースの缶を沈めたら水がジュースになるという、幼児期ならではのイメージの世界です。
● 保育者がプールの苦手な子どもの世界をのぞこうとしない限り、何が悩みであるか理解できないと思います。非日常的なプールの水のかたまりは、子どもにとって想像を超える水の量なのでしょう。「水が怖い」という気持ちに共感しながら、ていねいにアプローチすることが大切ですね。

たのしいことが基本　保護者・担任の声から

高知県・大方くじら保育所（うさぎ組、きりん組、ぞう組）

保護者から

- 顔つけが苦手だった子が次の日からつけられるようになりました。「ちょっと　みやもっち先生が来てくれたことがキッカケになればいいなぁ」と思っていたので、良かったです。

- プールの指導をしてくれるなんて、嬉しいですね〜。子どもも楽しそうに話していました。ここ数日走る練習（スタートの練習）をしています。

- 「みやもっち楽しかった〜」とわが子。「足をバタバタさせんでも進めたで。○○先生っていうてもろうて、メダルも2個もろうた！」と話してくれました。

- 昨日、みやもっち先生と遊んだでーと言っていました。うんと楽しかったようですね。

- 昨日はみやもっち先生との時間とても楽しかったようです！　いっぱい楽しそうに話してくれました。久々のプールも楽しかったようです。

- みやもっち先生とのプール、すごくおもしろかったみたいです。そんな先生に来てもらえてありがたいです。

担任から

- 今年2回目のみやもっち先生とのふれあいを、とてもたのしみにしていた子どもたちでした。普段と違った遊びとふれあいに子どもたちは大喜びでとても楽しかったと思います。遊びは、たのしいことが基本で、たのしく遊ぶ中でできなかったこと、苦手なことを克服し、また次もやってみようという自信へつなげていくこと……また、遊びを通して考える力やルールを守る大切さ等を学んでいくことを改めて感じました。

- 少しの時間でしたが、一人ひとりの個性が見え、たのしい時間になりました。今回見えてきたことを今年の保育に活かしていきたいと思います。あまり口を出さず、見守る保育もしていきたいなぁ（笑）ありがとうございました。

- 実はこの日からきりん組に高知市の方から父の実家に引っ越してきた新入児がいました。不安でたまらなかった彼だったと思いますが、先生との出会いでとても保育所が楽しいところと思ってくれたようです。本当に良かったです。ありがとうございました。このご縁が今後も続いていってほしいなと思っています。

⑧ お昼寝しながら海賊島へ

背浮き

❶「クジラの背中でお昼寝だ」
　クジラ（サーフボードケース）に仰向けに寝転がり「背浮き」をする

❷「先生の顔、見えますか～？」
　バタ足をしながら進んでみよう

おやもっちの視点

● 最初、水が苦手な子どもは、不安や恐怖があり、身体も硬直してうまく寝転がることができません。そのときには、「おふとんで寝るように寝っ転がってみよう」「先生の顔が見える？」など、子どもがイメージできる言葉をかけます。
● 「先生がいるから大丈夫！」と励ますだけでなく、「ちょっと怖いよね。先生もわかるよ」と、不安な気持ちに共感しながら行うことも大切です。

これもオススメ ゆったり背浮き

最初はサーフボードケースで安心して行う。ゆったりとした姿勢で呼吸を整える

後頭部と背中を支える。脱力して自分で浮く感じがつかめたら後頭部だけで支える

「あれ？　寝てるんじゃない？」と声をかけ、リラックスを促そう

● プールが苦手な子どもには、呼吸が確保された背浮きがよいでしょう。水に顔をつけることに特化してプールが「できる」「できない」の判断をするより、「プールぎらい」をつくらないために、自分は友だちと同じように「浮くことができる」と感じられるようにしたいものです。
● 「我慢して水に顔をつけることが大切！」「水に顔をつけることが基本だ！」と考える保育者は、多くいると思います。プールが苦手な子どもにとって水に顔をつけることは呼吸をとめる苦しいことです。運動・スポーツは、自分が楽しいと思えるからこそ、自ら苦しい練習や我慢することができると考えます。苦しさより「自分もできる楽しさ」を感じさせてあげることが、さらなる技術への一歩につながるのではないでしょうか。

⑨ 海賊プール

海賊プール   浮く＋バタ足

❶海賊役を決めプールの端の海賊島で待つ。他の子どもたちは冒険者になって、4〜5人でクジラに乗って、バタ足をしながら海賊島へ進む

❷島に着いたら海賊とジャンケン勝負。ジャンケンに負けると捕まり、勝つと捕まった友だちを助けることができる

> みやもっちの視点
>
> ● ジャンケンは4〜5人がいっせいに行います。「あいこ」は負けとします。ジャンケンが難しい年齢では、おはじきを用意し、左右どちらの手の中にあるか選びます。はずれると海賊に捕まります。
>
> ● 友だちを助けようとする思いから、自ら順番を待ち、何回もバタ足をくり返し進みます。同じバタ足でも1回ごとに違う感じをつかみながら、力が抜けた「浮く感じ」を友だちといっしょに楽しむことができると思います。また、順番を「待つ」楽しみも身につくでしょう。

⑩ クジラにのって息継ぎ

息継ぎ

❶サーフボードケースやビート板でバタ足。慌てないで柔らかいキックをしよう

❷保育者が頭をコンコンと合図したら「パッ」と息継ぎをする

❸大きな声で「パッ」と言うと自然に空気が吸える

>
>
> ● 幼稚園や保育園で「プール大会」として、プールの端から端まで泳げたら（潜水）、合格とする場面を見たことがありますが、息をとめて水中に潜ること以外にも必要な動きがあります。また、泳法の形をくり返し教え込む方法も、子どもたちが主体的に取り組んでいない場合、将来「泳げるけど、もうやらない」という考え方になりかねません。
>
> ● 子どもたちが、水の中で浮くおもしろさや、水の不思議に十分にふれ、もっと速く水中を移動するために、どのような泳ぎ方があるのか興味がもてるように促したいものです。

11 失敗と成功の姿をみせよう

❶「なんか沈みそうで、怖いな」サーフボードを力いっぱいつかみ背中を丸めて身体を硬くする

❷「ああー、やっぱり失敗した」沈んでしまう

みやもっちの
視点

● 保育者が大切なポイントを示すために、「怖いから手でギュッと持つぞ」「背中も丸めて」と言いながら、子どもたちが「それでは沈む」と予想できる悪いお手本を見せます。

● 子どもたちに、それぞれ自分が思ったことや自分がいつも注意されていることなど、意見を言ってもらいます。「腕の力を抜いて」「背中や足も伸ばして」などと、浮かぶことの大切なポイントを言い合い、自分でも動きを確かめ、友だちの意見にも納得し賛同しながら対話をしていくことが大切です。このように友だちとの対話をしながら、失敗する保育者と動きを重ね、楽しみながら学習するポイントを理解していきます。

❸「なるほど！ 手を伸ばさないと沈むのか」上手な子どもと、うまくできない保育者の比較を観察する

❹「身体の力を抜いて、自分が浮くつもりでやるのか」と、まずは一般的なコツを伝える

❺「あっ！ 本当に浮いた」

みやもっちの
視点

● 上手に浮かぶことのできる子どもといっしょにそのコツを教えてもらいながら、みんなで考え合います。失敗しても「どうやったら浮かぶのかな？」と自分のコツを探りながら挑戦できるような環境を用意しましょう。

● 保育者からの教え込みではなく子ども自ら「水の不思議」を身体で感じ、何度もやりたいという気持ちになるように、子どもの少しの変化を認めましょう。「さっきより手が伸びているよ」「だんだん力が抜けてきたね」など、保育者が、さほど変化を感じなくても、子どもは1回、1回違う感じをもちながら運動を行っているといわれています。「運動は一回性を原則として成り立っている」のです。

体育といいながら、その枠を超えて……

　私が「みやもっち体育」と出会ったのは、ある町の保育所アドバイザーとして定期的に複数の保育所を訪問する仕事に就いてからのことです。

　ある日、保育所を訪問すると、プレイルームから子どもたちの元気な声が響き、そこに「みやもっち体育」が展開されていました。

　どんな子どももヒーローになり、終わりの時間が告げられると「もっとやりたい！」コールが湧き上がる、「みやもっち体育」の楽しさ・魅力を肌で感じられる素敵な出会いでした。

　その後、幾度となく授業を参観させていただいていますが、今、注目しているのは、授業の始まりの子どもたちとみやもっち先生とのおしゃべりです。「イオンに行ったよ」「発表会でオズの魔法使いをやるんだ」そんな子どもたちの話を瞬時にキャッチし、その話題をもとに授業を組み立てていくのです。

　今、発達障害やその疑いのある子どもたちが急増しています。彼らは、視覚優位だったり、聴覚優位だったり、ゆっくり学ぶと理解できたり、体を使うと理解が進んだり、と学び方は様々です。だからこそ、指導者には子どもたちの多様な学び方に対応できるたくさんの引き出しが求められています。

　みやもっち先生が持ち歩くスポーツバッグからは、子どもたちとの会話をヒントにしながら、いろいろな教材（主に 100 円ショップでの購入品）が飛び出てきます。まさしくたくさんの引き出しの宝庫です。体の仕組み、心身の発達、そして運動理論をしっかり学ばれているからこそ「この方法がだめだったらこっちでいこう」「怖さが先立っているから、まずは身近にあるこの道具を使ってみよう」等々、一人一人に応じたスモールステップの支援ができるのだと思います。

　ジャンル分けすると「体育」として紹介されることが多い「みやもっち体育」です。その根っこは先生との会話、友だちとの協力、成功体験を積める運動、これら丸ごとひっくるめての「楽しさ」。そして活動が苦手な子どもたちもいつの間にか意欲的に取り組み、結果的に「自分にもできた！ わかった！」こんな自己肯定感を育んでいく、これこそ「体育」の枠では収まらない「人を育てる」ということではないでしょうか。

TOMO はうす代表・特別支援教育士
久武夕希子

マストのぼり

　マストのぼりは、まず足の裏（脚）で、下に落ちないようにする仕組みをもった運動です。

　マストを登ろうとすると、足の裏でけるため、マストとの接地面が少なくなり、摩擦力が低下し、下に落ちてしまいます。下に落ちてしまう子どもは、なぜ登れないのか理解できず、やがてあきらめてしまうでしょう。また、体重が重いと思っている子どもは最初からあきらめていることも少なくありません。

　足の裏で下に落ちないように挟み、開脚し股関節を広げる、足の裏で支え、腕・手で身体を引っ張り上げるタイミングをつかむことでマストを登っていきます。

こんな仕組みでできている！ ・運動構造・

 +  +

| 開脚 | 手を動かして
身体を引っ張り上げる | 足を引き上げて
開脚して止まる |

マストのぼりの

習得したい 動き

● **下に落ちない両足の使い方**
股関節を開き両足の裏（土踏まず）で、マストを挟みます。しっかり挟めば、片手を離しても下に落ちないことを知ります。

● **足の裏で支え、腕・手で身体を引っ張り上げるタイミング**
上に登ろうとするとき、足をけって登るのではなく、腕で身体を引き上げた後、足を引き上げて今までより上の位置を挟みます。

ジャックと豆の木の冒険

マストを童話「ジャックと豆の木」に出てくる"豆の木"にみたてて登るよ。
お話の主人公になって天空の城へ！

豆の木で
メリーゴーラウンド

片手
メリーゴーラウンド

豆の木から
下りてみよう

天空の城に登ろう

1　豆の木でメリーゴーラウンド

足の裏で挟む

① ② ③

❶「にょきにょき木が伸びてきたよ」と言いながら、マストを立てる

❷「豆の木にしがみついてみよう」と続けながら、足の裏の接地面を大きくして摩擦力を上げ、マストを挟む

❸「くるくる回るメリーゴーランドだよ」開脚し股関節を広げしがみついたままの状態でマストを回す

みやもっちの

「ジャックと豆の木」の絵本の読み聞かせを行い、「今からみんなは、ジャックになって冒険をしてみよう」と声をかけます。

マストにしがみつく経験や「落ちるかもしれない」という恐怖心がある子どももいるかもしれません。いきなり、外のマストで登る練習を行うより、「足は下に落ちないためにある」ことを子どもに理解させ、体験させることが大切です。子どもが好きなクルクル回るおもしろさ（めまい）が加わることによってマストに興味をもたせ、足の裏でマストを挟む技術の習得につなげます。

② 片手メリーゴーラウンド

足の裏で挟む

膝をまげて
ハートの足

❶片手を離してマストを回し、片手メリーゴーラウンド。友だちとタッチしてみよう

❷「天空の城の大男を双眼鏡でのぞいてみよう」

❸足の裏でマストを挟むときの足の形はハート形。「股関節を広げ、足をハートの足にしよう」と声をかける

みやもっちの 視点

● 足の裏で下に落ちないようにマストを挟み、片手を離して行うあそびを多く体験させることが大切です。

● 下に落ちないようになったからといって、すぐに登らせるのではなく「片手を離しても下に落ちない」という楽しさを十分に味わえるバリエーションを増やしましょう。

● 順番を待っている子どもとジャンケンをしたり、紙飛行機やビニール袋を飛ばしたり、落としたりすることも楽しいですね。

これもチェック マストの補助

①足の裏で自分の体重を支えるコツがわかっている子どもは、このように「おしりが垂れ下がる」ような姿勢をとることができます。
②マストを登るときの補助は、下からおしりを支えるように持ちます。

③ 豆の木から下りてみよう

❶イスを用意して、少し高い位置でマストにつかまる

❷ゆっくり下りる。「ゆっくり下りないとあぶないよ。下に毒グモがいるから気をつけて。ハートの足なら大丈夫」

❸マストの下におもちゃのクモやヘビを置き、いっきに降りると足をかまれてしまう設定をしてゆっくり下りる

みやもっちの視点

「ハートの足」を使って少しずつ下ります。
両膝が伸びてしまうと「ハートの足」が崩れ、足の裏とマストとの接地面が少なくなります。そうならないために、「ハートがなくならないように」などと声をかけましょう。
毒グモなどの設定をしたおもちゃを置くと、気をつけながら自然とゆっくり下りてくることになり、手と足をゆるめるコツをつかむきっかけになるかもしれませんね。

③このように手を置く補助だと子どもが保育者の手の上に足をのせてしまい脚が伸びてしまいます。

●足の裏で下に落ちない自分のコツがわかっている子どもは両腕は力が抜けて、おしりが垂れ下がった状態で静止することができます。この「おしりが垂れ下がった姿勢」が自分でわかることがマスト登りで重要なポイントです。

←足の位置は
ここ

←両腕で
引き上げる

←膝がゆるむ

←足の位置は
変わらない

←足を
引き上げる

❶登るときは、足の裏をけるのではなく、足の裏は、しっかりとマストを挟んだまま

❷両腕で身体を引き上げると両膝がゆるむ。このように足の裏の位置は変わっていない

❸腕で「ぎゅっ」と上に引き上げたら、また足の裏で挟みながら登る

❹マストのてっぺんにおもちゃのラッパを取りつける。「豆の木を天空の城まで登って大男のラッパを鳴らそう」

みやもっちの
視点

● 大切なポイントは、両足を開脚し、股関節を柔らかく開くことです。足の裏で下に落ちないように挟み、両腕で身体を引き上げながら再び、足の裏でマストを挟みます。

● 下に落ちないことが「わかった」子どもは自分なりのコツをつかんだと考えてよいでしょう。下に落ちないことを理解したら「マストに登ってみたい」と意欲や興味がもてるようになります。

● 音が出るものを使うことで、登ったら楽しいことが待っているというワクワク感を高めます。

マストの大きさ・登り方

大きなマストで接地面を大きくし、摩擦力を上げるとマストが苦手な子どもでも下に落ちにくくなるでしょう。

足をからめマストを登る方法。より接地面が大きくなり、靴を履いたままでも登ることができます。

マスト登りが上手な子どもは、手と足の交互動作が速くて、足の裏でけっているように見えます。

しかし、実際は、上半身を引き上げたとき、両膝はゆるむだけで、足の裏は下に落ちないように支えています。足で止まったことを確認できたら、手を少し上に伸ばして、両腕でしがみつき、足の裏をゆるめてすべり上げ、再び下に落ちないようにマストを挟みます。足をからめる方法で登る場合も同じです。

このタイミングがおかしくなると、両手両足が同時にゆるみ下に落ちてしまいます。

急傾斜を登ろう

「よじ登る動き」には、「引っ張る動き」が含まれているといわれています。この動きは、「斜面を這うように登り降りする」動きから発生すると考えられています。

マスト登りを行うときに大切な足の支えと身体を「引き上げる」ために必要な両腕の使い方を、このような「よじ登る動き」のあるあそびの中で経験しておくとよいでしょう。

竹　　馬

　竹馬での歩行は、重力によって前に倒れようとする性質を前進運動に利用して移動するあそびです。

　竹馬に乗れるようになるためには、竹馬1本で体重を移動させ着地する、次に背中で壁によりかかって2本の竹馬に乗り、壁によりかかったまま横に移動して、いわば竹馬の「伝い歩き」をします。その後、竹馬2本で前に倒れ、安全に着地するという動きを習得します。

　竹馬と地面の接地面である一点に、身体の重心を集中させ、バランスをとらなければならないところが子どもには難しく、恐怖を感じるところでしょう。転倒しそうになっても安全に着地できる感覚をつかむあそびを楽しみましょう。

こんな仕組みでできている！　・運動構造・

1本に体重を乗せる

片方の竹馬を前に出す

1本の竹馬に体重を乗り移し
反対の竹馬を前に出す

\ 竹馬の /
習得したい動き

竹馬を足の裏と一体にして動かす
両手で縦棒を持って横木に片足を乗せて、横木に足の裏をぴったりくっつけたまま竹馬を持ち上げてから地面に下ろします。慣れてきたら片手で持って、左右両方を行います。足の裏と横木を一体にした竹馬の動かし方を身につけます。

1本竹馬に乗ってバランスをとる
両手で縦棒を持って横木に片足を乗せてかまえ、横木に一気に乗り込んで、地面に着いていた足を宙に浮かせてバランスをとります。左右両方で練習します。バランスのとりやすい縦棒の持ち方や横木の上への立ち方を覚えましょう。

竹馬魔法使い

魔法の竹馬を自由にあやつれるようになろう。片足で倒れない変身の魔法をマスターしたら、竹馬のほうきにまたがって空へ！

ケンケンすもう

片足バレリーナに
変身

片足バレリーナ
移動

魔法使いの
ほうきに乗って

竹馬拍手「カチカチ」
＆おならブー

竹馬2本横歩き

① ケンケンすもう

片足立ち

❶ケンケンすもうをする。片足でバランスをとって立つ感覚を知ろう

❷ケンケンしながらおしりで押し合い、両足がつくと負け

みやもっちの

魔法の竹馬に乗る前に、まずは片足になり、不安定なあそびを行ってみましょう。バランスをどのようにとればよいかを自然に学ぶと思います。
つま先立ちになって足裏の接地面積を少なくすることで、身体が前に倒れようとする力を利用して、前に移動します。

② 片足バレリーナに変身　　　　　片足立ち

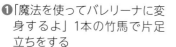

❶「魔法を使ってバレリーナに変身するよ」1本の竹馬で片足立ちをする

❷つま先立ちになることを「バレリーナの足だよ」と伝える

❸慣れてくると「アイススケート選手」と言って、クルッと1回転することにも挑戦しよう

● 最初は1本の竹馬を使い、両手でしっかり握りつま先立ちをします。横木にかかとを乗せると重心が後ろになり立位を維持できません。まずは、1本の竹馬でバレリーナの足になり重心を一つにして、バランスを保つ感じのコツをつかむようにします。自分で「1、2、3」と数えたり、友だちと数を競い合ったりしてみましょう。

● 1本の竹馬でのあそびは、転びそうになってもすぐに足をつくことができます。「転んだら痛そう」と怖がっている子どもには、1本の竹馬なら安心して竹馬に挑戦できると思います。

これもチェック

フープで竹馬

③ 片足バレリーナ移動

❶片足は横木に乗せたまま足を交互に出して前進移動をする

❷バレリーナの足がうまくなってくると一歩の幅が大きく広がる

❸身体を前に倒す姿も見られる

みやもっちの
視点

　1本の竹馬を使って前進します。バレリーナの足を横木に乗せたまま、もう片方の足を、床に接地している竹馬より前に着地するようにします。しっかりとつま先に体重をかけて立位を維持できている子どもは滞空時間が長く、一歩を大きく広げることができます。

　慣れない子どもは竹馬を浮かせながら、ケンケンで進もうとします。前に進もうという気持ちが先に出てしまい、随伴動作が起きていると考えられます。このようなときは、保育者が竹馬を手で支えて「バレリーナの足になろうね」と声かけをしましょう。

①フラフープを片手で持ち、足の親指で挟み、移動する。
②両手、両足を使って2つのフラフープでバランスをとりながら移動する。

●ポックリ下駄や、天狗下駄も竹馬の類似性のある動きと考えられます。

　子どもの中には、不安定位ででこぼこ道や、片足でケンケンしながら移動する経験も少ないため、ポックリ下駄でバランスをとることも難しい子どももいるのではないでしょうか。フラフープは、子どもたちにもなじみがある道具であり、2〜3歳の子どもでも、手と足をうまく動かしながら進む経験ができると思いますよ。

④ 魔法使いのほうきに乗って

⑤ 竹馬2本横歩き

操作の感覚

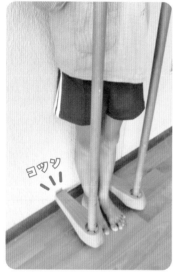
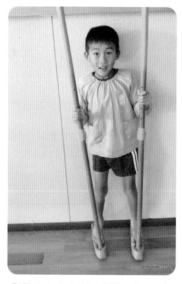

❶横木を壁に「コツン」と当て、壁にもたれながら立つ

❷背中とおしりを壁にくっつけて竹馬に乗る

❸背中とおしりを壁に接地しながら横に進む

みやもっちの
視点

- 背中とおしり、そして竹馬の横木を壁に当てて、壁にもたれながら立ちます。
- 立てるようになると、すぐに前に歩かせようと思いがちですが、この時点で「わあ！　立てた」というよろこびと、少し背が高くなったような不思議な気持ちやおもしろさを味わうことが大切です。
- 壁を使って立てるようになると「何となくできそうな気がする」という気持ちになるようです。すぐに前に進むことより、壁についている背中、おしりを横にずらしながら竹馬を一歩一歩、横に移動させます。
- この運動は竹馬の歩行に必要な瞬間的に片足でバランスをとり、もう一方の竹馬を移動させるという動きが含まれています。

❶バレリーナの足から着地する
　と前に倒れる

❷片足からおりる

❸❹着地すると竹馬を両脚で挟
　み「魔法使いのほうき」に乗っ
　ているようになる

みやもっちの
観点

・バレリーナの足から着地すると同時に、1本
　の竹馬に魔法使いのほうきのようにまたがり
　ます。「ほうきに乗って魔法の国に行こう！」
　またがることで、倒れそうになったとき、安
　全に着地できると知ることができます。
・バレリーナの足から着地すると❷のように前
　に倒れます。かかとに重心が残っていると後
　ろに倒れてしまい、変身できません。

❻ 竹馬拍手「カチカチ」＆ おならブー　　　　着地

❶「竹馬拍手！」保育者のかけ声
　で、竹馬の先をカチカチと拍
　手をするように鳴らす

❷「おならブーでおりてみよう」
　おしりで壁を押すようにして
　前に倒れる

❸「竹馬でこけそうになったとき
　は、こうやっておりるよ」竹
　馬の間に安全に着地

みやもっちの
観点

・竹馬の先を拍手をするように鳴らすことで、自分が操作しやすい竹馬の幅がわ
　かります。
・竹馬は、両足が地面についている状態で立位を維持することはとても難しく、
　同じ場所に留まるためには、常に竹馬で足ふみをするように、くり返し動きな
　がらバランスをとらなければいけません。
・また、重力によって倒れようとする動きを前進する運動に利用しながら歩行し
　ます。壁に背中とおしりを接触させ、もたれかかった状態で立位しやすくして、
　おしりで壁を押すようにして、前に倒れることで1歩踏み出してみます。
・前に重心をかけ倒れる感じをつかめたなら1歩、2歩と歩いてみましょう。そ
　のためには、歩く前に安全に着地することを理解しておくことが大切です。

ボールあそび

　ボールを使った運動あそびとは、投げる、捕る、蹴る、つく、打つ、送るなど、多様な技能が内在しており、転がったり、跳ねたりするボールを追うことや、その動きを予測することなどの点を踏まえると、身体を巧みに動かす力「巧緻性」の向上が認められます。また、「投げる」という運動は乳幼児期に見られる「物（おもちゃ等）を落とす」から「遠くに落とす」そして「投げる」へと発展していくといわれています。

　はじめに使うのは、部屋の中で、お手玉、新聞紙を丸めたボールなど、手でつかみやすく弾まないものが適しているでしょう。ボールにはさまざまな種類があり、形や材質、大きさも多種多様です。そのためボールの種類によって違った動きや動作を経験できるとともに、転がったボールを何度も追いかけると、かなりの運動量につながると思います。

　ここでは「捕る」あそびを中心に行ってみましょう。

こんな仕組みでできている！　運動構造　　　　　　　＊「捕る」場合

手を出す

つかむ

引きこむ（抱きこむ）

＼ ボールあそびの ／
習得したい
動き

🔵 **「捕る」方法は大きく分けて2つ**
①ドッジボールのように両手でボールを抱きかかえるように「収める」（引きこむ）
②野球のグローブでボールをキャッチするように「つかむ」

モンスターボール宅急便

このボールは落としたら爆発するモンスターボール。落とさないように受けて、しっかりつかんで、ギュッとはさんで。みんなでドキドキを楽しもう。

モンスターボール
宅急便

モンスターボール
ドッジ

モンスターボール
円陣

① モンスターボール宅急便

つかむ

❶「荷物（ボール）を落とさないように」「落とすと爆発するよ」1列に並び、ボールを頭の上で後ろに渡す

❷「お荷物どうぞ～」次は大きく足を開いて、横から後ろに渡す

❸「最後のお友だちは忙しいぞ」最後尾の子どもは最前列にボールを戻す

おやもっちの
技②

荷物（ボール）は落としたら爆発するモンスターボール。後ろの友だちに渡したり、「お荷物どうぞ～」と言いながら宅急便屋さんになって、後ろに送っていきます。
列の最後の子どもはボールを持って最前列の友だちに渡すため、急がなくてはいけません。グループに分かれて競争するとヒートアップして楽しいですね。

② モンスターボール円陣

つかむ

❶「先生がストップ！ と言ったときにボールを
持っている人が鬼だよ」
円になってボールを横に送っていく。保育者が
「ストップ！」と言ったときにボールを持って
いた人が鬼になる。他の子は安全基地に逃げ、
鬼は逃げる子たちにボールをぶつける

❷「たいへんだ！ボールが増えてきたよ」
途中から保育者が1個、また1個とボールの数
を増やす

みやもっちの
視点

● 子どもたちは、いつ「ストップ！」の声がかかるかドキドキです。ボールを
送っているときに音楽を流しても楽しいですね。

● 安全基地（逃げる場所）は1か所だとぶつかってケガをする恐れがあります。
何か所か決めておくとよいでしょう。

● ボールの数を増やしていくと、子どもたちは、より一層ドキドキすること間違
いなしですね。

● このあそびは全員がボールに触れること、ドキドキ感をみんなで共有するおも
しろさを味わうことにあります。最初は「ストップ！」の声で鬼が誰だか関係
なしに逃げることもあると思います。子どもたちでルールを確かめ合うことが
大切です。

これもチェック ボールをつく

ボールをつくときは、手とボールだけの関
係ではなく、下の床や地面との関係も含ま
れます。
手だけで叩くように「つく」「ドリブル」す
るのではなく、床に押すような手の動きを
つかむために、ボールを床に押しつけて、
その感覚を感じてみましょう。

③ モンスターボールドッジ

つかむ・投げる

❶「3回当たったら丸焦げ、爆発するよ！」
バランスボールを転がしてドッジボールを行う。3回当たったらアウト。モンスターの柵（❸のようにマットを用意する）に入る

❷「この見えない線から出ても爆発するよ！」

たすけてー

モンスターの柵

タッチ

❸進化形として、1回でも当たったら捕まり、モンスターの柵に入る。
助けに来た友だちにタッチしてもらうと、コートに戻れる

みやもっちの
視点

● バランスボールはモンスターボール。3回当たったら爆発！ 当てられた子どもはモンスターの柵に入らなければいけません。
さらに、進化形として、1回でも当たったら捕まることにします。捕まった子どもは、助けに来た友だちにタッチされるとコートに戻れます。しかし、モンスターボールでタッチされると、助けようとした子どもも柵に入らなければいけません。

● いつもルールを守れない子どもも「助けたり、助けられたりする友だちとのかかわり」の中で、ボール運動だけでなく、集団としての協力を必要とすることを学ぶ機会になるといいですね。

これもチェック

スポンジボール
やわらかいボール

小さな子どもたちでもつかみやすく「安心」「安全」に取り扱えるスポンジボール。柔らかくよく弾むので、室内、戸外とどちらでも遊ぶことができます。

投運動

　投運動は大きく分けると「下投げ」「押し投げ」「回し投げ（横投げ）」「腕振り投げ」などに分かれます。幼児期には、肘を起点として投げるほうの手と同じ足を前に出して投げたり、両足をそろえて前腕の振りだけで投げてしまう、「押し投げ」という姿が多く見られます。

　幼児期に投げるあそびを多く経験しておくことが重要ですが、トレーニング的に反復することでなく、子どもが「投げてみたい」と思える物であることと、自分でどのように投げたら飛んでいくのか、あそびの中から工夫できる教材が必要ではないかと思います。

　ボールを投げるという形態は、目標に向かって投げる「目標投げ」と、ただ遠くに投げる「距離投げ」に分かれます。幼児期はボールの多様な動きを楽しみながら、目標投げであるキャッチボールにつなげてみましょう。ボールを投げる・受けるを十分に楽しんだ後、ドッジボールに向かうと、球技への苦手意識をもちにくいでしょう。

こんな仕組みでできている！ 運動構造

＊腕振り投げ（オーバーハンドスロー）の場合

 +  +

| ボールを投げるほうの腕を後方へ引く。引いた足と同じ足に体重を乗せる | 身体をひねり戻しながら脚、体幹、肩、腕へ動きを伝える | ボールが手から離れる |

\ 投運動の /
習得したい 動き

目標投げ

キャッチボールは、相手が受けやすいところを目標にして腕の振りのスピードを考えながら投げます。"相手を思いやって行う"運動です。手首のスナップでボールの方向性や強さが決まります。

モンスターをやっつけろ

ボールをモンスターにぶつけてやっつけるよ。まずはヤリで投げる練習。
腕を振り上げて、まっすぐ投げるにはどうしたらいいかな。

モンスターの
ヤリ投げ

モンスターを狙え！
スポンジ
ボール投げ

投げる！受ける！
ドッジボール

① モンスターのヤリ投げ

投げる

❶ボールを転がし合う。「物を落とす・転がす」
動きから、下から遠くへ「投げる」という運動
に発展する

❷スポンジのスティックをヤリに見立て、向かい
合って、受けたり投げ返したりする

みやもっちの
視点

棒状の物は投げる方向を示すことができます。最初にヤリ（スポンジのス
ティック、58頁で紹介）の先を相手に向け、ヤリを持っている手と違う足を
出し投げるとまっすぐに飛んでいくでしょう。保育者がヤリの先を上に向け
たり、下に向けたりしながら子どもたちといっしょに考えることが大切です。

スポンジのスティックは軽いので幼児でも投げやすく、滞空時間もあり、子
もたちは「投げる」というイメージがしやすいでしょう。また、柔らかいので
キャッチすることに恐怖をあまり感じないようです。あそびながら「ひねり動
作」が発生し体重移動も行えるようになっていきます。

❸「どこを持って投げればいいだろう？」「まっすぐに投げる人は、どう投げているかな？」

❹「グーやパーより、チョキの足のほうが遠くに飛んでいくなあ」足をそろえて投げる、足を広げて投げるなど、どの投げ方が飛ぶか試してみる

●幼児期の発達段階で「下投げ」→「回し投げ（横投げ）」→「腕振り投げ」に移行することは大変難しいといわれています。なぜなら「腕振り投げ」は、腕や身体の「しなり」や「ひねり」「体重移動」といったような高度な運動技術が必要だからです。

●「腕振り投げ」は、野球やソフトボールの投球動作、陸上のヤリ投げなどに見られる動きといわれています。スポンジのスティックを投げる動作は、ヤリ投げの運動形態と似た動きなので、あそびながら同じような動きが発生し、「腕振り投げ」へスムーズに移行するのではないかと思います。

② モンスターを狙え！スポンジボール投げ　　投げる

❶「モンスターが基地から出てきたらボールを投げてやっつけよう」基地から基地へ移動するモンスターにスポンジボールを投げる

❷「モンスターが隠れているぞ」

●モンスターの基地を2つ設定し、基地から基地へかけ足で移動するモンスターをねらってスポンジボール（81頁で紹介）を投げます。

●ボールの握り方は、人差し指と中指でピースサインをつくり、親指と3本の指でボールを握ったら他の2本の指も添えます。

後ろ頭にボールをつける
反対の足を前に出す

❸「ピースの握り方で、後ろ頭にボールをくっつけて準備しよう」

腕を振り切る

❹「モンスターが出たぞ」
投げたあと腕を振り切る

みやもっちの観点

後ろ頭にスポンジボールをつけ、投げたい方向にボールを持っている手と反対の足を前に出して投げます。

スポンジボールが、どれだけモンスターに当たったかで勝ち負けを決めます。最初は、ただ投げるだけだった子どもたちが「ねらって投げる」ということに気づくように、どのように投げるといいか導きましょう。

ボールを投げた後の「腕の振り」が、反対側の脇まで振り切っています。このような運動リズムをつくるポイントは「握り方」です。投げるときの「指のかかり」（ピースの握り方）を覚えるとコントロールよく投げることができるようになるでしょう。

③ 投げる！受ける！ドッジボール

投げる・受ける

❶つま先を投げる方向に向ける

❷足を大きく踏み込んで投げる

❸ボールを受けてみよう

みやもっちの観点

棒状の物は先が方向を示すので、投げたい方向に棒の先を向けることで投動作を身につけやすいですが、球体の物は先がありません。子どもたちに「ボールの先はどこだろう？」と聞きながら、お手本の子どもと、わざと失敗する保育者を見せて違いを探すと、方向を定めて投げるイメージができるでしょう。

「空気を入れる穴が先っちょだ！」という幼児期らしい考え方もあると思います。そのような言葉も大切にしながらみんなで考えてみることが、運動が「わかる」→「できるようになろう」「やってみよう」という意志によって学習し、「できる」状態につながっていくのではないでしょうか。

みやもっち体育の
キッズテニス

　幼児にテニスを指導する場合、専門的な技能や知識より、最初に幼児期の発達段階や特徴を理解していることが重要であると考えます。

　幼児期から小学校低学年頃までは、正しい空間判断が難しいといわれており、テニスのような道具を使って飛んでくるボールをイメージして打ち返すということは、かなり難しいと思います。飛んでくるボールの軌道と飛んでくる時間を先取りする能力は、これから次第に身につけていく時期であることを、指導者は理解しておきましょう。

　大人のラケットや道具を小さくしただけでなく「自分にもできそう」「やってみたい」と子どもの興味・関心・意欲を引き出すプログラムが必要です。

こんな仕組みでできている！ ・運動構造・

 + +

かまえる　　　　　インパクト（弾く）　　　　フォロースルー
（ボールを送り出す）

\ キッズテニスの /
習得したい
動き

🔵 **投げ上げるボールのスピードのコントロール**
腕の振り方（大きさ、速さ）やリリースのタイミングの違いによって、ボールの速さやコースが変わることに気づくことが大切です。

🔵 **ボールの軌道（飛ばし方）にインパクトを合わせる（面／手のひらを合わせる）**
飛んできたボールを打ち返すためには、ラケットをボールがどのくらい近づいた時に、どんな角度で、どのくらいの強さで当てればよいのかを見つけ出します。

🔵 **ラケットの操作**
ボールを思い通りに打つためには、ラケットを自分の手のように操作できるようになること(付帯伸長能力)が重要です。打つだけではなく、ラケットの上でボールを転がしたり、受け止めたり、連続で弾き上げたりして、いろいろな遊びを取り入れて行いましょう。

きみもエースだ！

幼少期に身につけたい基本動作は 36 あるといわれているよ。
その中でテニスで行う動きは 16 の動作。
スイミングは 7 種類、サッカーは 9 種類。テニスは多いことがわかるね。
いろんな動きを獲得しよう！　さぁ、きみもエースだ！

スマートボール

跳び箱テニス

ラリーをしよう

腕の振りとインパクト

これもチェック **テニピンラケットを使ってみよう**

スポンジを貼り合わせたラケット。手のひらにはめて使います。
手のひらがラケット面に接しているので、手で弾き返すような感じをもちやすいと考えられます。

❶斜めになった板を用意し、下から上に少し転がすようにする。最初は少しずつ上に転がしてキャッチすることに慣れたら、連続してやってみる。次に、テニピンラケットを使って行う

❷すべり台でもやってみよう

● 手でボールを投げ上げてキャッチすることは、大人にとっては簡単かもしれませんが、ボールあそびの経験が少ない子どもには簡単なことではないようです。

● 転がしてキャッチすることに慣れ、連続してできるようになってきたら、徐々に「このくらいの感じで投げると、これくらいボールは上がる」と、力加減とボールの動き方を考えながら行うようになります。テニピンラケットを使い、自分が跳ね返したボールの軌道を予測し、ボールをねらったところへ打ち返すための、ボールを弾くタイミングや力の加減をつかみます。テニピンを使うとボールの動きに合わせて力加減をしながら行うようになります。

● すべり台には側壁があるので、ボールがコースからずれずに転がります。それによって思いきって打ち返したり力を調節したりするおもしろさに気づくでしょう。

これもチェック　手作りラケットでスマッシュ

紙皿とわりばしを用意します。紙皿に好きな絵を描き、わりばしをテープでとめて、手作りラケットの完成。

ティッシュを上に向かってふわっと投げ、落ちてきたところを紙皿ラケットで打ちます。
ティッシュと紙皿ラケットとの感覚をつかむと、ボールの動きに合わせてラケットを動かす調整能力につながります。

みやもっち体育の神髄　みやもっち体育と運動学

　みやもっちこと宮本さんとの出会いは、子どもたちへのテニスの指導を通してでした。子どもに動きを教える、動きを伝えることは簡単なことではありません。大人には言葉を通してかなりのところまで伝えることができますが、幼い子どもたちにはそうはいきません。しかし、宮本さんは語彙力もこれからという子どもたちから、いとも簡単に動きを生み出されます。「この魔法の指導法の奥義とは」と考えてみますと、それはドイツのKurt Meinel先生からはじまり金子明友先生へと引き継がれて発展してきた発生論的運動学の理論と合致していることに気づきました。私自身の専門領域である運動学の理論が至るところに散りばめられて、その力を発揮していました。

　運動ができるためには、その運動のコツやカンなどの「このような感じで動く」という感覚世界を、子どもたちに感じ取ってもらう必要があります。そのために、運動学ではその運動によく似た動き（アナロゴン）を体験することから、本来の目指すべき動きへと導くこと（発生）につなげます。例えば、テニスのフォアハンドストロークの動きを発生させるためには、引き戸を締める動きを体験させます。そのことにより、ラケットを前に押し出す感覚が身に付き、フォワードスウィングからインパクトへと向かう滑らかなラケットワークへと導くのです。この例のように「動く感じ」を引き出してくれる「材料」となるものを運動学では「動感素材」と呼んでいます。良い指導者はこの動感素材をたくさん持っています。そして、一人ひとりに最適な動感素材を提供することで、子どもたちに動きを発生させるのです。動感素材を提供して実際に動いてみることを「処方する」と表現します。例えば、宮本さんはラケットでボールを打つ時のインパクトの位置や強さがわからない子どもには、傾斜のある壁を利用して、滑り落ちるボールの打ち返し（動感素材）によって、インパクトの位置と強さの感覚を発生させておられました。すなわち、宮本さんは一人ひとりの子どもの動きを見抜いて最適な動感素材を処方されているのです。これこそがみやもっち体育の神髄ではないでしょうか。

　本篇では宮本さんが今までのキャリアの中で集めて来られた豊富な動感素材が余すことなく紹介されています。唯一無二の存在である子どもたちへの指導では、一つの方法論だけでは限界が来てしまいます。鋳型にはめ込むような指導法では無理があるのです。個性をより尊重する現代だからこそ、一人ひとりに合った最適な動感素材が処方されることを願っています。そこから、子どもたちの新しい動きがたくさん発生し、一人でも多くの子どもたちに「できた！」という成功体験が生まれることを期待します。それにより、子どもたちの有能感や自己肯定感、そして自信が高まり、自ら学びに向かう力が育まれることを心から願っています。

富山短期大学　幼児教育学科
塩見一成

② 跳び箱テニス

❶転がってくるボールや、固定されたボールは打ちやすい。
　跳び箱の上に置いたボールを打つ

❷跳び箱の上でバウンドさせたボールを打つ。ラケットのスイングの軌道は、跳び箱にそって水平に動
　かす。跳び箱を使うことで、バウンドするボールが打ちやすい

みやもっちの
視点

● ボールあそびの経験が少ない子どもは、ラケットを振るとき思いっきり速く
　振ってしまうため、ボールに当たらないことがよくあります。とにかく力いっ
　ぱいボールを遠くに飛ばそうと思うからでしょうか。ラケットをどのくらいの
　スピードで振ればよいか、いつ力を入れるのかわからないようです。
● ボールを飛ばすためには、ラケットとボールが当たるまでのゆっくりとしたス
　イングの長さが大切です。跳び箱の長さを使うことで、ラケットを力いっぱい
　振るのではなく、スイングの長さを感じられるでしょう。
● 跳び箱の上に置いたボールを打ったら、次に、跳び箱の上でバウンドさせて
　打ってみましょう。跳び箱の上に置いたボールを打つのと近いスイングフォー
　ムで打つことができるので、インパクトを合わせやすいと考えられます。

③ 腕の振りとインパクト

❶保育者が下からボールを投げる。それと同じスピードで、上から投げ返す

❷次にテニピンラケットを使って、同じ腕の振りで打ち返す

まずは、保育者がゆっくり投げるのと同じ速さで、投げ返せるかやってみます。「ゆっくりポーンと投げてみて」と動感言語を使いながら、腕を振るスピードの力加減がわかるようにします。

これもチェック ボールをバウンドさせる

ボールを連続してバウンドできるということは、面の位置や角度を調節したりする能力を高めることにつながります。
これが正確にできるようになると、面を横向きにしたストロークに必要なインパクトの感じがつかめると考えられます。
一人でできる練習方法としてマスターしておくとよいでしょう。

④ ラリーをしよう

❶保育者が投げたボールと同じ
スピードで投げ返す。
まず、同じスピードで下から
投げ返す。次に同じスピード
でバウンドさせて返す

❷ぬいぐるみなどで、位置を立
体的に示し、そこにバウンド
させて打ち返す

❸滑り止めシートのようなもの
を置いて、そこにバウンドさ
せ打ち合う

● バウンドする位置を決めることで、どのようにボールが弾むかがわかるよう
になってきます。印には興味をもっている物を使うとより楽しく取り組めるで
しょう。

● テニスの醍醐味はラリーにあります。ラリーをするためには、相手が打ちやす
いところにバウンドさせなければいけません。ラリーには正確にボールの位置
に移動し、準備することができる「カン」と、いつも同じリズムでインパクト
ができる「コツ」を身につけることが必要です。

● 将来、テニスを競技とした場合、今度は相手に気持ちよくラリーをさせないよ
うすることが求められます。相手がバランスを崩すようなショット、空いたス
ペースを狙うという技術は、こういう練習を行うことによって、ボールをコン
トロールする能力を得て高めることができるでしょう。

おわりに

　子どもは、あそびが大好きです。それは自分の興味があることを決めて取り組むことができるからです。しかし、「逆上がりをするよ」「跳び箱を跳ぼう」と指導者が言うと、その場から離れていく子どもがいます。

　離れていく子どもは、やる気がないからではありません。先生の言う通りに、やろうと思うけれど「どんな感じで動けばいいのか」理解できないからです。

　そのためには、一人ひとりに合った「コツ・カン」を探すことです。

　子どもが最初に「おもしろそう」「やってみたい」と、あそびと同じように鉄棒や跳び箱などに興味をもたせることです。子どもが「できそう」と感じる「コツ・カン」を指導者と一緒に探すことができれば、子ども自ら笑顔で運動・スポーツに取り組めると私は思っています。運動が苦手で苦しんでいる子どもや、なんとかできるようにさせたいと悩んでいる指導者を笑顔にする方法は、この本の中にあるのかもしれません。

　子どもたちの運動・スポーツ嫌いがなくなる方法の一つとして、この本が役に立つことを願っています。

　最後に、本書の企画から完成まで、クリエイツかもがわの田島さん、伊藤さん、本当にお世話になりました。また高知大学の神家一成名誉教授には、草稿を読んでいただき貴重なご意見、示唆をいただきました。本当にありがとうございました。そして、多くの保育園、幼稚園のみなさんには、実践の子どもの姿、その写真をたくさん提供していただきました。

　私は、子どもたちをたくさん笑顔にして、子どもたちにたくさん笑顔にしてもらって、ここまできました。みやもっち体育を応援してくださる、すべての方々に記して感謝申し上げます。

2012年12月

宮本忠男

著者 宮本 忠男（みやもと ただお）

1964年高知県四万十市生まれ、土佐清水市在住
中京大学体育学部体育学科卒業
高知県教育委員会高等学校講師、学校法人しみず幼稚園職員、高知県教育委員会スポーツ健康課
「あそびを通して健康づくり事業」講師
現在、学校法人宮地学園講師、YONEXオピニオンリーダー

---

column執筆

宮地　彌典	学校法人宮地学園 認定こども園杉の子幼稚園、認定こども園杉の子せと幼稚園、認定こども園杉の子第2幼稚園　理事長
西村光一郎	学校法人しみず幼稚園 認定こども園しみず幼稚園　園長
森本　優子	社会福祉法人堺常磐会 北花田こども園　園長
山口　恵梨	仁淀川町 ふたば保育所　所長
花岡　裕子	学校法人沢田学園 認定こども園みさと幼稚園　前園長
岡林美由紀	医療法人治久会 もみのき病院リハビリテーション科 科長・作業療法士
久武夕希子	TOMOはうす代表・特別支援教育士
塩見　一成	富山短期大学 幼児教育学科

撮影・取材協力

学校法人宮地学園 認定こども園杉の子幼稚園、認定こども園杉の子せと幼稚園、
認定こども園杉の子第2幼稚園
学校法人しみず幼稚園
学校法人栄光学園 認定子ども園 宿毛幼稚園
学校法人中村幼稚園
仁淀川町 ふたば保育所
仁淀川町 大崎保育所
仁淀川町 長者保育所
学校法人清和幼稚園 池川保育園
学校法人沢田学園 認定こども園みさと幼稚園
学校法人みかづき幼稚園
とさしみずしファミリーサポートセンター
特定非営利活動法人enne
医療法人治久会 もみのき病院 児童発達支援事業所もみのきっず
「子育てサークルみやもっち体育で楽しむ親子運動あそびの会」代表 有吉有由
いの町立国民健康保険 仁淀病院　言語聴覚士 小寺晶愛
窪川児童福祉協会 川口保育所　元所長 佐竹悦子
カルドファミリー子育て広場「とことこ」
高知県立春野高等学校　教諭 酒井史恵
社会福祉法人堺常磐会 北花田こども園

子どものやってみたい！を育てる　みやもっち体育

2023年1月31日　初版発行

著　者　©宮本忠男

発行者　田島英二
発行所　株式会社クリエイツかもがわ
〒601-8382　京都市南区吉祥院石原上川原町21
電話 075（661）5741　FAX 075（693）6605
郵便振替　00990-7-150584
ホームページ　https://www.creates-k.co.jp

装丁　菅田　亮
イラスト（運動構造）　ホンマヨウヘイ
印刷所　モリモト印刷株式会社

ISBN978-4-86342-341-1 C2037　　　　　　　Printed in Japan

運動の不器用さがある子どもへのアプローチ　作業療法士が考える DCD
東恩納拓也／著

運動の苦手な子どもたちがもっと楽しく生活できるように。運動の不器用さがあることは、障害や問題ではありません。DCD（発達性協調運動症）の基本的な知識から不器用さの捉え方、アプローチの流れとポイント、個別と集団の実践事例。　　　　　　　　　　　　　　　2200円

子ども理解からはじめる感覚統合遊び　保育者と作業療法士のコラボレーション
加藤寿宏／監修　高畑脩平・萩原広道・田中佳子・大久保めぐみ／編著

好評
7刷

保育者と作業療法士がコラボして、保育現場で見られる子どもの気になる行動を、感覚統合のトラブルの視点から10タイプに分類。その行動の理由を理解、支援の方向性を考える、集団遊びや設定を紹介。　　　　　　　　　　　　　　　　　　　　　　　　　　　1980円

凸凹子どもがメキメキ伸びるついでプログラム
井川典克／監修　鹿野昭幸・野口翔・特定非営利活動法人はびりす／編著

3刷

「ついで」と運動プログラムを融合した、どんなズボラさんでも成功する、家で保育園で簡単にできる習慣化メソッド。児童精神科医×作業療法士×理学療法士がタッグを組んだ最強の生活習慣プログラム32例。　　　　　　　　　　　　　　　　　　　　　　　　　　1980円

エンジョイ！ファシリテーション・ボール・メソッド
発達を支援するからだの学習　　FBM 研究会／編

動きがぎこちない、座った姿勢が崩れやすい、運動が苦手といった発達に課題のある子どもたちに、空気の量を調節したやわらかいボール（FB）の自在性・弾力性を活かして、心身のリラクセーションとバランスや姿勢保持などの運動機能向上をはかる。　　　　　　　　　　　　　2200円

チャレンジ！ファシリテーション・ボール・メソッド
こころと身体のボディワーク 基礎と実践　　FBM 研究会／編

3刷

FBは、重力の負荷が軽減されることを利用して、触圧、揺れ、振動などの刺激と同時に、抗重力活動、バランス、姿勢の保持・静止・変換・移動、手指操作などを個々に応じてプログラム。自発的な動作を引き出す。　　　　　　　　　　　　　　　　　　　　　　　　2530円

学童期の感覚統合遊び　学童保育と作業療法士のコラボレーション
太田篤志／監修　森川芳彦・豊島真弓・松村エリ・角野いずみ・鍋倉功・山本隆／編著

「ボール遊び禁止」やスマホなど、身体を使った遊びの機会が少なくなったなかで、学童保育指導員と作業療法士の感覚統合遊びで、子どもたちに育んでほしい力をつける。
明日からすぐ使える28遊び。　　　　　　　　　　　　　　　　　　　　　　2200円

子どもと作戦会議 CO-OP アプローチ入門
塩津裕康／著

CO-OP（コアップ）とは、自分で目標を選び、解決法を発見し、スキル習得を実現する、子どもを中心とした問題解決アプローチ。子どもにとって大切なことを、子どもの世界で実現できるような取り組みで、「できた」をかなえる。　　　　　　　　　　　　　　　　2420円

こどもと家族が人生を描く 発達の地図
山口清明・北島静香・特定非営利活動法人はびりす／著

子育て家族のべ3万人以上、10万件に近い発達相談を受けてきた作業療法士がつくりあげた『発達の地図』。3つの道具と9つの質問で自分と対話し、1枚の「地図」を描くだけで、こどもと家族の未来は希望に輝く。　　　　　　　　　　　　　　　　　　　　　　　　　2970円

子どもと作業中心の実践 OCP　作業療法ガイドブック
シルビア・ロジャー　アン・ケネディ・バー／編　塩津裕康・三浦正樹／監訳・訳

子どもとOCPの教育・実践をサポートする唯一の作業療法テキスト。最新の作業療法理論と研究に根ざした、エビデンスに基づく作業療法実践をガイド。子どもや家族の人生に貢献したいと願う全ての作業療法士・作業療法を学ぶ人に必読の書。　　　　　　　　　　　　　　　4950円

http://www.creates-k.co.jp/